"十三五"全国高等院校民航服务专业规划教材

民航安全检查技术

主　编◎钟　科

副主编◎邢　静　温宝琴　王爱娥　吴巧洋

参　编◎兰　琳　李芙蓉　黄　萍　李　佳　蔡程建

Technology of Civil Aviation
Security Inspection

清华大学出版社
北　京

内 容 简 介

本教材以培养职业能力为核心,以民航安全技术检查各工作岗位的典型工作任务为主线构建教材内容,具有实用性、适用性和先进性,内容丰富、结构清晰、图文并茂,易于教学和自学。

本教材根据知识的层次性、技能培养的渐进性,遵循难点分散的原则,合理安排各章内容,系统全面阐述了民航安全检查技术的基本知识、理论和操作技能,适用于各大院校民航安全技术管理、机场运行、空中乘务、民航运输等专业的学生,同时也适用于民航服务相关的从业人员。

图书在版编目(CIP)数据

民航安全检查技术 / 钟科主编 . —北京:清华大学出版社,2017(2025.1 重印)
("十三五"全国高等院校民航服务专业规划教材)
ISBN 978-7-302-48227-7

Ⅰ.①民… Ⅱ.①钟… Ⅲ.①民航运输－安全检查－高等学校－教材 Ⅳ.①F560.81

中国版本图书馆 CIP 数据核字(2017)第 209687 号

责任编辑:杜春杰
封面设计:刘 超
版式设计:楠竹文化
责任校对:王 云
责任印制:宋 林

出版发行:清华大学出版社
  网 址:https://www.tup.com.cn,https://www.wqxuetang.com
  地 址:北京清华大学学研大厦 A 座 邮 编:100084
  社 总 机:010-83470000   邮 购:010-62786544
  投稿与读者服务:010-62776969,c-service@tup.tsinghua.edu.cn
  质量反馈:010-62772015,zhiliang@tup.tsinghua.edu.cn
  课件下载:https://www.tup.com.cn,010-62788903
印 装 者:涿州市般润文化传播有限公司
经 销:全国新华书店
开 本:185mm×260mm 印 张:13.75 字 数:306 千字
版 次:2017 年 11 月第 1 版   印 次:2025 年 1 月第 14 次印刷
定 价:45.00 元

产品编号:073882-02

"十三五"全国高等院校民航服务专业规划教材
丛书主编及专家指导委员会

丛 书 总 主 编　刘永(北京中航未来科技集团有限公司董事长兼总裁)

丛 书 副 总 主 编　马晓伟(北京中航未来科技集团有限公司常务副总裁)

丛 书 副 总 主 编　郑大地(北京中航未来科技集团有限公司教学副总裁)

丛 书 总 主 审　朱益民(原海南航空公司总裁、原中国货运航空公司总裁、原上海航空公司总裁)

丛 书 总 顾 问　沈泽江(原中国民用航空华东管理局局长)

丛 书 总 执 行 主 编　王益友[江苏民航职业技术学院(筹)院长、教授]

丛书总航空法律顾问　程颖(荷兰莱顿大学国际法研究生、全国高职高专"十二五"规划教材《航空法规》主审)

丛书专家指导委员会主任

关云飞(长沙航空职业技术学院教授)

张树生(国务院津贴获得者,山东交通学院教授)

刘岩松(沈阳航空航天大学教授)

姚宝(上海外国语大学教授)

李剑峰(山东大学教授)

张威(沈阳师范大学教授)

成积春(曲阜师范大学教授)

万峻池(美术评论家、著名美术品收藏家)

"十三五"全国高等院校民航服务专业规划教材编委会

出 版 说 明

随着经济的稳步发展，我国已经进入经济新常态的阶段，特别是"十九大"指出：中国社会主要矛盾已经转化为人民日益增长的美好生活需要和不平衡不充分的发展之间的矛盾，这客观上要求社会服务系统要完善升级。作为公共交通运输的主要组成部分，民航运输在满足人们对美好生活追求和促进国民经济发展中扮演着重要的角色，具有广阔的发展空间。特别是"十三五"期间，国家高度重视民航业的发展，将民航业作为推动我国经济社会发展的重要战略产业，预示着我国民航业将会有更好、更快的发展。从国产化飞机C919的试飞，到宽体飞机规划的出台，以及民航发展战略的实施，标志着我国民航业已经步入崭新的发展阶段，这一阶段的特点是以人才为核心，而这一发展模式必将进一步对民航人才质量提出更高的要求。面对民航业发展对人才培养提出的挑战，培养服务于民航业发展的高质量人才，不仅需要转变人才培养观念，创新教育模式，更需要加强人才培养过程中基本环节的建设，而教材建设就是其首要的任务。

我国民航服务专业的学历教育，经过18年的探索与发展，其办学水平、办学结构、办学规模、办学条件和师资队伍等方面都发生了巨大的变化，专业建设水平稳步提高，适应民航发展的人才培养体系初步形成。但我们应该清醒地看到，目前我国民航服务类专业的人才培养仍存在着诸多问题，特别是专业人才培养质量仍不能适应民航发展对人才的需求，人才培养的规模与高质量人才短缺的矛盾仍很突出。而目前相关专业教材的开发，处于探索阶段，缺乏系统性与规范性。已出版的民航服务类专业教材，在吸收民航服务类专业研究成果方面做出了有益的尝试，涌现出不同层次的系列教材，推动了民航服务的专业建设与人才培养，但从总体来看，民航服务类教材的建设仍落后于民航业对专业人才培养的实践要求，教材建设已成为相关人才培养的瓶颈。这就需要以引领和服务专业发展为宗旨，系统总结民航服务实践经验与教学研究成果，开发全面反映民航服务职业特点、符合人才培养规律和满足教学需要的系统性专业教材，以积极、有效地推进民航服务专业人才的培养工作。

基于上述思考，编委会经过两年多的实际调研与反复论证，在广泛征询民航业内专家的意见与建议、总结我国民航服务类专业教育的研究成果后，结合我国民航服务业的发展趋势，致力于编写出一套系统的、具有一定权威性和实用性的民航服务类系列教材，为推进我国民航服务人才的培养尽微薄之力。

本系列教材由沈阳航空航天大学、南昌航空大学、郑州航空工业管理学院、上海民航职业技术学院、长沙航空职业技术学院、西安航空职业技术学院、中原工学院、上海外国语大学、山东大学、大连外国语大学、沈阳师范大学、曲阜师范大学、湖南艺术职业学院、陕西师范大学、兰州大学、云南大学、四川大学、湖南民族职业学院、江西青年职业学院、天津交通职业学院、潍坊职业学院、南京旅游职业学院等多所高校的众多资深专家、学者共同打造，还邀请了多名原中国东方航空公司、原中国南方航空公司、原中国国际航空公司和原海南航空公司中多年从事乘务工作的乘务长和乘务员参与教材的编写。

目前,我国民航服务类的专业教育呈现着多元化、多层次的办学格局,各类学校的办学模式也呈现出个性化的特点,在人才培养体系、课程设置以及课程内容等方面,各学校之间存在着一定的差异,对教材也有不同的需求。为了能够更好地满足不同办学层次、教学模式对教材的需要,本套教材主要突出以下特点。

第一,兼顾本、专科不同培养层次的教学需要。鉴于近些年我国本科层次民航服务专业办学规模的不断扩大,在教材需求方面显得十分迫切,同时,专科层面的办学已经到了规模化的阶段,完善与更新教材体系和内容迫在眉睫,本套教材充分考虑了各类办学层次的需要,本着"求同存异、个性单列、内容升级"的原则,通过教材体系的科学架构和教材内容的层次化,以达到兼顾民航服务类本、专科不同层次教学之需要。

第二,将最新实践经验和专业研究成果融入教材。服务类人才培养是系统性问题,具有很强的内在规定性,民航服务的实践经验和专业建设成果是教材的基础,本套教材以丰富理论、培养技能为主,力求夯实服务基础、培养服务职业素质,将实践层面行之有效的经验与民航服务类人才培养规律的研究成果有效融合,以提高教材对人才培养的有效性。

第三,落实素质教育理念,注重服务人才培养。习近平总书记在党的"十九大"报告中强调,"要全面贯彻党的教育方针,落实立德树人根本任务,发展素质教育,推进教育公平,培养德智体美全面发展的社会主义建设者和接班人",人才以德为先,以社会主义价值观铸就人的灵魂,才能使人才担当重任,也是高校人才培养的基本任务。教育实践表明,素质是人才培养的基础,也是人才职业发展的基石,人才的能力与技能以精神与灵魂为附着,但在传统的民航服务教材体系中,包含素质教育板块的教材较为少见。根据党的教育方针,本套教材的编写考虑到素质教育与专业能力培养的关系,以及素质对职业生涯的潜在影响,首次在我国民航服务专业教学中提出专业教育与人文素质并重、素质决定能力的培养理念,以独特的视野,精心打造素质教育教材板块,使教材体系更加系统,强化了教材特色。

第四,必要的服务理论与专业能力培养并重。调研分析表明,忽视服务理论与人文素质所培养出的人才很难有宽阔的职业胸怀与职业精神,其未来的职业生涯发展就会乏力。因此,教材不应仅是对单纯技能的阐述与训练指导,更应该是不淡化专业能力培养的同时,强化行业知识、职业情感、服务机理、职业道德等关系到职业发展潜力的要素的培养,以期培养出高层次和高质量的民航服务人才。

第五,架构适合未来发展需要的课程体系与内容。民航服务具有很强的国际化特点,而我国民航服务的思想、模式与方法也正处于不断创新的阶段,紧紧把握未来民航服务的发展趋势,提出面向未来的解决问题的方案,是本套教材的基本出发点和应该承担的责任。我们力图将未来民航服务的发展趋势、服务思想、服务模式创新、服务理论体系以及服务管理等内容进行重新架构,以期能对我国民航服务人才培养,乃至整个民航服务业的发展起到引领作用。

第六,扩大教材的种类,使教材的选择更加宽泛。鉴于我国目前尚缺乏民航服务专业更高层次办学模式的规范,各学校的人才培养方案各具特点,差异明显,为了使教材更适合于办学的需要,本套教材打破传统教材的格局,通过课程分割、内容优化和课外外延化等方式,增加教材体系的课程覆盖面,使不同办学层次、关联专业,可以通过教材合理组合获得完整的专业教材选择机会。

本套教材规划出版品种大约为四十种,分为:(1)人文素养类教材,包括《大学语文》《应用文写作》《艺术素养》《跨文化沟通》《民航职业修养》《中国传统文化》等。(2)语言类教材,包括《民航客舱服务英语教程》《民航客舱实用英语口语教程》《民航实用英语听力教程》《民航播音训练》《机上广播英语》《民航服务沟通技巧》等。(3)专业类教材,包括《民航概论》《民航服务概论》《中国民航常飞客源国概况》《民航危险品运输》《客舱安全管理与应急处置》《民航安全检查技术》《民航心理学》《民航运输地理》《民航服务法律实务与案例教程》等。(4)职业形象类教材,包括《空乘人员形体与仪态》《空乘人员职业形象设计与化妆》《民航体能训练》等。(5)专业特色类教材,包括《民航服务手语训练》《空乘服务专业导论》《空乘人员求职应聘面试指南》《民航面试英语教程》等。

为了开发职业能力,编者联合有关 AR 开发公司开发了一些与教材配套的手机移动端 AR 互动资源,学生可以利用这些资源体验真实场景。

本套教材是迄今为止民航服务类专业较为完整的教材系列之一,希望能借此为我国民航服务人才的培养,乃至我国民航服务水平的提高贡献力量。民航发展方兴未艾,民航教育任重道远,为民航服务事业发展培养高质量的人才是各类人才培养部门的共同责任,相信集民航教育的业内学者、专家之共同智慧,凝聚有识之士心血的这套教材的出版,对加速我国民航服务专业建设、完善人才培养模式、优化课程体系、丰富教学内容,以及加强师资队伍建设能起到一定的推动作用。在教材使用的过程中,我们真诚地希望听到业内专家、学者批评的声音,收到广大师生的反馈意见,以利于进一步提高教材的水平。

客服信箱:thjdservice@126.com。

丛　书　序

《礼记·学记》曰:"古之王者,建国君民,教学为先。"教育是兴国安邦之本,决定着人类的今天,也决定着人类的未来,企业发展也大同小异,重视人才是企业的成功之道,别无二选。航空经济是现代经济发展的新趋势,是当今世界经济发展的新引擎,民航是经济全球化的主流形态和主导模式,是区域经济发展和产业升级的驱动力。作为发展中的中国民航业,有巨大的发展潜力,其民航发展战略的实施必将成为我国未来经济发展的增长点。

"十三五"期间正值实现我国民航强国战略构想的关键时期,"一带一路"倡议方兴未艾,"空中丝路"越来越宽阔。面对高速发展的民航运输,需要推动持续的创新与变革;同时,基于民航运输的安全性和规范性的特点,其对人才有着近乎苛刻的要求,只有人才培养先行,夯实人才基础,才能抓住国家战略转型与产业升级的巨大机遇,实现民航运输发展的战略目标。经历多年民航服务人才发展的积累,我国建立了较为完善的民航服务人才培养体系,培养了大量服务民航发展的各类人才,保证了我国民航运输业的高速持续发展。与此同时,我国民航人才培养正面临新的挑战,既要通过教育创新,提升人才品质,又需要在人才培养过程中精细化,把人才培养目标落实到人才培养的过程中,而教材作为专业人才培养的基础,需要先行,从而发挥引领作用。教材建设发挥的作用并不局限于专业教育本身,其对行业发展的引领,专业人才的培养方向,人才素质、知识、能力结构的塑造以及职业发展潜力的培养具有不可替代的作用。

我国民航运输发展的实践表明,人才培养决定着民航发展的水平,而民航人才的培养需要社会各方面的共同努力。我们惊喜地看到,清华大学出版社秉承"自强不息,厚德载物"的人文精神,发挥强势的品牌优势,投身到民航服务专业系列教材的开发行列,改变了民航服务教材研发的格局,体现了其对社会责任的担当。

本套教材体系组织严谨,精心策划,高屋建瓴,深入浅出,具有突出的特色。第一,从民航服务人才培养的全局出发,关注了民航服务产业的未来发展趋势,架构了以培养目标为导向的教材体系与内容结构,比较全面地反映了服务人才培养趋势,具有良好的统领性;第二,很好地回归了教材的本质——适用性,体现在每本教材均有独特的视角和编写立意,既有高度的提升、理论的升华,也注重教育要素在课程体系中的细化,具有较强的可用性;第三,引入了职业素质教育的理念,补齐了服务人才素质教育缺少教材的短板,可谓是对传统服务人才培养理念的一次冲击;第四,教材编写人员参与面非常广泛。这反映出本套教材充分体现了当今民航服务专业教育的教学成果和编写者的思考,形成了相互交流的良性机制,势必对全国民航服务类专业的发展起到推动作用。

教材建设是专业人才培养的基础,与其服务的行业的发展交互作用,共同实现人才培养—社会检验的良性循环是助推民航服务人才的动力。希望这套教材能够在民航服务类专业人才培养的实践中,发挥更广泛的积极作用。相信通过不断总结与完善,这套教材一定会成为具有自身特色的、适应我国民航业发展要求的,以及深受读者喜欢的规范教材。

此为序。

原海南航空公司总裁、原中国货运航空公司总裁、原上海航空公司总裁
朱益民
2017 年 9 月

前　　言

"民航安全检查技术"是一门专业性和实践性都很强的课程,是民航服务相关从业人员的必修课。本教材根据《民航安全检查员国家职业标准》,结合我国民航安全技术检查工作的实际情况进行编写,较为系统地介绍了航空安全保卫法律法规、物品检查、机场运行保安、安检工作人员常用英语、安检工作人员服务礼仪、机场联检部门、证件检查、人身检查、开箱(包)检查等内容。

本教材由长沙航空职业技术学院钟科担任主编,负责全书体例设计、章节编写、统稿和定稿工作。具体编写分工如下:钟科编写了第四、七、九章和附录;温宝琴编写了第五章和第六章;邢静编写了第三章和第八章;王爱娥编写了第一章和第二章;吴巧洋编写了第十章。王益友先生担任本书的主审,从教材的结构到内容的安排,王益友先生都提出了宝贵的意见。兰琳、李芙蓉参与了各单元编审;黄萍参与了附录编写;李佳、蔡程建参与了全书校对。

本教材以职业能力培养为目标,适用于各大院校民航安全技术管理、机场运行、空中乘务、民航运输等专业的学生,同时对民航服务相关从业人员也有一定的参考价值。读者既可以将其作为学习用书,又可作为民航安全检查从业人员的培训用书,是一本体现教与学的良性互动教材。

本教材编写过程中参考了大量的文献资料,在此谨向这些著作资料的作者致以诚挚的谢意!由于编者水平有限,错漏之处在所难免,敬请专家和读者批评指正。

钟科
2017 年 7 月

CONTEN^{TS} 目录

第三章　物品检查知识 ……………………………………………………………… 43

第十章　开箱（包）检查 ⋯⋯⋯⋯⋯⋯⋯⋯⋯⋯⋯⋯ 147

第一章

绪　论

本章学习目标

- 掌握民航安全技术检查的概念、性质、任务和职能；
- 掌握民航安全技术检查的原则和基本程序；
- 掌握安全技术检查各岗位的工作职责及民航安全技术检查部门的权限；
- 了解职业道德的含义和特点；
- 掌握安检人员职业道德规范的基本要求、内容；
- 了解安检人员职业道德养成的基本途径；
- 了解安全技术检查的产生和发展。

 **导引案例**

民航安检——血泪教训倒逼而生

2015年10月31日，一架载有220人的俄罗斯客机在西奈半岛坠毁，机上人员全部遇难，事后证实这是一起飞机炸弹造成的恐怖袭击，而"伊斯兰国"（缩写：IS）则宣称为此负责，还说他们送上这次航班的炸弹，只有一个易拉罐般大小……

在安检技术越来越先进的今天，带炸弹上飞机听起来像天方夜谭。但事实上，民航安检技术的每一次升级，几乎都是对犯罪分子手法"创新"做出的改进，也可以说是一部用血泪和生命写出来的进化史。

炸弹藏在了航空邮包里

并不是有了民航，就有了安检。安检是随着"航班炸弹"的出现和升级，才不断进化而来的。可以说，是先有了矛，才有的盾。

有案可查的第一次"炸弹炸飞机"案件，发生在1933年10月10日。当时，一架波音247客机，在美国印第安纳州波特县附近坠毁。由于这架飞机刚起飞不久，高度大概只有三百多米，所以有好几个目击者看到了飞机坠毁的过程："咣当"一声巨响，飞机的尾巴变成了一个大火球，随即迅速坠落在地，彻底炸开。机上有4名机组成员和3名乘客，这7个人全部遇难。警方和航空公司随即展开调查。囿于当时的刑侦技术，警方最终还是没能找到有用线索。不过，警方发现，残骸里有硝化甘油的残留物，证实这是一起刑事案件，算是"航班炸弹"的发端了。

到了1949年，又一起炸弹空难发生了。这次，是加拿大太平洋航空公司的DC-3航班，1949年9月9日，这架飞机从蒙特利尔起飞，目的地是拜科莫。起飞仅仅45分钟后，"轰隆"一声巨响，机舱内发生爆炸，飞机随即完全失控，一头栽向地面，机上4名机组成员、14名乘客全部遇难。警方发现了爆炸物的残片，认定这是一起刑事案件。嫌疑人阿尔伯特·瓜伊很快被盯上了，是遇难乘客丽塔·瓜伊的丈夫。警方很快找到了玛格丽特，而她则坦白了一切：瓜伊曾经让她帮忙把一个包裹作为航空邮件寄出去，而这个邮包被送上了DC-3航班，导致了这次爆炸。

在瓜伊案之后，所有的航空公司都警醒了：航空邮件统统都得安检，搞不清楚内容的一律不让上飞机。

托运行李暴露漏洞

1955 年 11 月 1 日,美联航 629 航班从丹佛的斯特普尔顿机场正常起飞。仅仅过了 11 分钟后,塔台飞管人员突然看到天空中爆出了两个明亮的火球,随即,巨响从空中传来,飞机残骸像下雨一般地凌空飞降。机上的 39 名乘客和 5 名机组成员,全部当场罹难。由于是先听到了爆炸声后才坠机,而且爆炸威力巨大,美国联邦调查局(FBI)调查人员,很快就确定这是一起人为的爆炸案件。从残骸的破损情况来看,FBI 相信,炸弹应该是在接近机尾的行李舱中炸响的。果然,在飞机残骸中,探员们找到了不属于飞机上的金属碎片,以及炸药残留的痕迹。经 FBI 调查,遇难乘客中有不少人在起飞前买了航空意外险,其中一位叫黛西·金的女士,投保金额还有点大,她身故之后,保险公司为此要赔偿 3.75 万美元。再查,金女士留下过遗嘱,遗产都给儿子格雷姆,保险金的受益人也是他。而且,格雷姆还曾因为伪造罪而在 1951 年坐过牢。FBI 很快搜查了格雷姆的住处,结果起获一些零件和导线,应该是用于制造爆炸物的材料,与残骸中发现的可疑金属碎片一致。警方还找到了一份保额 4 万美元的保险单,被保险人同样是黛西·金,而受益人则是格雷姆;更重要的是,保单上没有黛西·金夫人的签字,也就是说,并不是她自己买的。格雷姆被捕后,很快招认是他制作了一枚定时炸弹,塞在母亲的行李中,将她和其他乘客一起炸飞。他后来被判处死刑,并在 1957 年 1 月 11 日,在科罗拉多州监狱被执行毒气室死刑。

也就是从那时开始,所有的机场都要检查乘客的行李了。

液体炸弹来钻空子

菲律宾航空 434 号班机是由马尼拉国际机场前往日本东京成田机场,中停宿雾国际机场的定期航班。1994 年 12 月 11 日,这趟班机在宿雾前往东京航段突然发生爆炸,炸死了一名日籍乘客,但机上其余 292 人则生还。经过警方调查,在由马尼拉至宿雾航段,发生爆炸的座位是由一位名叫优素福的恐怖分子乘坐的。当天,他用假名登上 434 号班机。优素福于飞机上的盥洗室装配炸弹,然后放在第 26K 号座位底下,并设定于 4 小时后自动引爆。他与其中 25 名乘客在飞机抵达宿雾后下机,另有一些乘客从宿雾登上 434 号班机后继续前往日本东京。11 时 43 分,飞机上的炸弹在抵达东京前 2 小时发生爆炸,当时一位名叫池上春树的 24 岁日籍商人坐于发生爆炸的座位上,他当场被炸死,另有坐于爆炸位置前方的 10 名乘客受伤。炸弹的威力把飞机炸开一个大洞,直通货舱,但机身依然保持完整。机长驾驶客机立即紧急迫降在冲绳岛的那霸机场,最后,机上其余 272 名乘客及 20 名机组成员全部生还。炸弹被放置的座位,原本应是较早期的波音 747 飞机中部的机翼油箱的正上方,但幸运的是,这是一架特殊型号的 747 飞机,油箱被放置到稍微靠后一点的位置,所以炸弹放置的位置比油箱靠前一排。正是仅仅差了这一排,飞机才躲过了油箱爆炸的劫难。事后证明,为了避开机场保安,恐怖分子是携带尚未组装的液体炸弹组件登机。炸药成分主要是硝化甘油,收藏于一瓶隐形眼镜清洁剂内,其他化学物质如丙三醇等,则收藏于鞋跟内。而当时机场的金属探测器并没有探测出任何可疑物体。

也正是因为这个事件的发生,让机场安检对一切液体的检查,都变得格外严格起来。很多国家的航空公司还因此规定,乘客携带的液态物品每件容积不得超过 100 毫升。容器容积超过 100 毫升,即使该容器未装满液体,亦不允许随身携带,需办理托运。

致命一招——人肉炸弹

后来就是震惊全球的 2001 年"9·11 事件",让世界知道了不要命的恐怖分子,竟然可以让飞机本身成为致命的武器。

2001 年 12 月 22 日,在"9·11 事件"后仅仅三个多月,美联航的 63 次航班从巴黎飞往迈阿密。飞机起飞之后,空乘发现一名乘客试图点燃一根火柴,就告诉他这是绝对不允许的,飞机上禁止吸烟。该乘客坐回了自己的位子,之后做出了更可怕的举动:他脱下了一只鞋子,拼命地想要划火柴去点燃鞋底的一根导火索。女空乘带头冲上去掰开他的手,该男子最终被乘客合力捆了起来。这个人名叫理查德·科尔文·里德,1973 年出生于英国的布罗姆利,此前并无犯罪记录。事后,警方查明,里德的两只鞋子中,共装有 100 盎司(284 克)塑胶炸药。万幸的是,因为他的脚汗太大,弄湿了引爆用的火药,所以才没有炸响。如果这双"鞋子炸弹"爆炸,其威力足以在客机舱壁上炸出一个大洞来,完全可能导致机毁人亡的可怕后果。2003 年,里德被判处 3 个终身监禁,外加 110 个徒刑,不得假释。

魔高一尺、道高一丈——安检是这样升级的

人们乘坐飞机,最常见的航班安检措施是 X 射线检查和金属探测器检查。前者主要用于检查行李,后者主要用于检查乘客人身。当乘客进站时,把行李放在单道或双道 X 射线仪的传送带上,进行安全检查。若是遇上金属枪械、刀具或炸弹(炸弹外壳一般都是金属),X 射线被吸收较多,在荧光屏上就会显示出黑色图像。金属探测器主要探测被检查物中的金属部分。该探测器可做成各种各样形状,如金属探测门和小型探测器,方便安全检查。金属探测器的优点在于灵敏度高,重量轻,操作简便,使用电池即可,而且探测器不必接触旅客身体。缺点是当探测到硬币、钥匙及其他金属物品时,往往也会发出警报。

随着高科技犯罪日益猖獗,恐怖分子绞尽脑汁钻安检的空子,如假装手中拿着一杯咖啡,但是杯里装的是液体炸药;或者制造"塑料炸弹";还有将炸药放在人体隐私处的"内裤炸弹"或穿在脚上的"鞋底炸弹"。

液体炸药有着悠久的历史,至少存在 5 种改进型的液体炸药,包括硝化甘油。民航禁止携带所有类型的液体与凝胶体登机,除非是随行婴儿的食物和药品,现在检测办法是闻气味,或要求旅客尝一口所带液体。在机场检测液体炸弹的方法有气体分析仪和一种扫描仪,在短时间内可以检测出液体爆炸物。

塑料炸弹就是塑料外壳的炸弹。一般的炸弹外壳都是金属的,以求弹片的杀伤力,但这种炸弹很难逃过金属探测器的检测,所以现在有把弹壳换成塑料的。为了对付"塑料炸弹",现在使用了先进的"中子检测器",它能自动、快速地侦查旅客行李中是否藏有爆炸物。

至于对付"内裤炸弹"和"鞋底炸弹",则只能是对旅客彻底"透视"检测了。现代红外探测器可以制成超强"透视镜"。人的体温是恒定的,发出一定波长的红外线可以透过衣服辐射出来,这样拍成热红外线成像照片就好像人是裸体的,身体各部位隐藏的炸药自然"原形毕露"了。但是人们又会惊呼:隐私保不住了。不过也有人安慰说,这些图像提供的人体细节,与法国著名雕塑家奥古斯特·罗丹的印象派雕塑差不多。因此,只是观看人体扫描仪获得的乘客图像,是看不出该乘客的详细体表特征和面貌的。即使这样的图像传输到网络上,也不会泄露乘客的隐私。

中国民航安检始于 20 世纪 80 年代

二十世纪六七十年代,国际上航班炸弹事件频频发生,各国纷纷采取了越来越严格的航班乘客安检制度。

而那时在中国国内,对乘坐飞机的人有严格的要求,必须有县团级以上单位开的介绍信等,因此,我国机场的安全检查工作,也一直没有建立起来。

1974 年 10 月,国务院曾批准在国际机场实行秘密检查,但实际上并没有取得什么效果。许多外国航空局对我国不进行安全检查工作也很有意见。非洲某国外交部曾向我使馆提出,请我国政府允许其航空公司在北京检查乘坐其班机的旅客和行李,以确保安全,如我国不同意,则要求我国政府做出书面保证,如发生事件,要承担一切后果。加之后来中国实行改革开放,国际恐怖主义也渗入中国,在这种情况下,公安部与民航总局在 1979 年 5 月联合派出考察团,赴法国、瑞士考察其机场安全检查工作。

1980 年 9 月,国务院批准了公安部、民航总局的报告,同意对国际航班实施安全检查。1981 年 3 月 15 日,公安部发布了关于航空安全检查的通告,并决定自 4 月 1 日起对民航国际航班实施安全检查。11 月 1 日,又开始对民航国内航班实施安全检查。

安全检查工作刚开始只对国际航班实施检查,所以就由边防检查站负责。从 1981 年 11 月 1 日开始,全面的安全检查工作展开,此项工作就由民航公安保卫部门负责。到了 1983 年 7 月,武警安全检查站成立,安检工作由武警部队全面负责。1992 年 4 月,安全检查工作移交民航,民航机场组建了安全检查站。

资料来源:http://news.carnoc.com/list/330/330576.html

第一节　民航安全技术检查概述

一、民航安全技术检查的概念

安全技术检查简称安全检查,是指在特定的区域内,为保障广大人民生命、财产及公共设施的安全所采取的一种强制性的技术性检查。它包括民航、客运(火车、汽车)、港口、轨道交通、场馆设施等安全检查。

民航安全技术检查简称民航安检,是安全技术检查的重要分支。它指的是在民用机场实施的为防止劫(炸)飞机和其他危害航空安全事件的发生,保障旅客、机组人员和飞机安全所采取的一种强制性的技术性检查。

二、民航安全技术检查的性质

从性质上来看,民航安全技术检查是民航空防安全保卫工作的重要组成部分,是国务院民用航空主管部门授权的专业安检队伍为保障航空安全,依照国家法律法规对乘坐民航班机的中、外籍旅客及物品以及航空货物、邮件进行公开的安全技术检查,防范劫持、爆炸民航班机和其他危害航空安全的行为,保障国家和旅客生命财产的安全,具有强制性和专业技术性。

为了更好地理解和把握民航安检的性质,须注意以下几点:

第一,民航安检是民航空防安全保卫工作的重要组成部分。空防安全是指有效地预防和制止人为的非法干扰航空器的行为,保证在使用中的航空器及所载人员生命和财产安全,使航空器依照合法机长的正常意愿,在规定的时间和空间内安全、正常运行。随着民航事业的蓬勃发展,空防形势渐趋严峻,劫持飞机、破坏飞机、破坏机场以及针对民航的其他非法干扰活动日益频繁。尤其在"9·11事件"发生以后,民航空防安全状况持续严峻和日趋复杂,空防安全保卫空前敏感地牵扯着每一个人的神经。由于空防安全事故具有突发性、不可预见性、破坏严重性和影响巨大性等,因此必须建立完备的空防安全保卫体系。安全技术检查就是其中的重要构成部分,因为安全检查是对乘坐航班的中外籍旅客及其物品进行的公开检查,可有效防范劫炸机及其他危害航空安全的行为,确保旅客生命财产安全。

第二,民航安检是一项政策性和专业技术性都很强的工作。首先,政策性强。民航安检是全球性通行和国际民航组织(ICAO)要求强制执行的民用航空运输关键性的安全保卫措施。国际上有《东京公约》《海牙公约》《蒙特利尔公约》3个航空安全公约,各国根据本国具体情况制定了自己国家的航空安全法规,各机场也制定了行之有效的安全检查规章制度。这些法律法规使得安全检查工作有法可依,有章可循,且保证了安全检查政策能得以严格执行。其次,专业技术性强。民航安检工作的专业技术性强,具体可体现在两方面。其一,从安全技术检查的内容来看,包括验证、X射线机检查、设备维修等技术性工作。其二,从安全技术检查的对象来看,旅客携带的行李物品各种各样,有的是一般生活用品,有的则可能是武器、管制刀具、炸药、易燃易爆、传染、腐蚀性物品,以及一些高科技产品,如精密仪器等。如何准确无误地从各式各样的物品中查出危险物品和违禁物品,仅靠责任心是不够的,还需要有较强的专业技能。毋庸置疑,民航安检是一项政策性和专业技术性都很强的工作。

第三,民航安检主体是专业的安检队伍。民航安检工作是由专业的安检队伍负责执行。但是,在不同国家和不同时期,安检队伍的组织形式有所不同。有些国家是由警察或宪兵来承担,例如瑞士的日内瓦机场是由宪兵来负责安全检查工作;有些是由机场雇请保安公司来承担,如中国香港机场是雇请保安公司来负责安全检查工作;有些则是由航方组织专业队伍来承担安检工作,如英国的民航安全检查。就我国来讲,安检队伍的组织形式在不同时期也不尽相同。在安全技术检查发展的第一阶段,安检工作由武警边防部队负责;在第二阶段,改由民航保卫部门负责;在第三阶段,则由武警部队负责民航安全检查的任务;在第四阶段,改由民航组建专业的安检队伍来负责民航安全检查工作。

第四,民航安检的对象是乘坐民航班机的中外籍旅客及其物品,以及航空货物、邮件。为了保障广大旅客生命财产安全和民航运输安全顺畅,方便旅客乘坐民航飞机,进入民用运输机场控制区的旅客及其行李物品,航空货物、航空邮件应当接受安全检查。拒绝接受安全检查的,不得进入民用运输机场控制区。但是,国务院规定免检的除外。

第五,民航安检目标是保障国家和旅客生命财产安全。依照有关法律、法规,实施民航安全检查工作,目标是发现一切可能危及航空安全的枪支、弹药、爆炸装置、各种管制刀具以及其他易燃易爆、腐蚀性和放射性等危险品、违禁品进入民用航空器,保障民用航空器及其所载人员、财产的安全。

三、民航安全技术检查的任务和职能

从任务上来看,民航安全技术检查工作的任务具体包括:对乘坐民用航空器的旅客及其行李进行安全技术检查;对进入候机隔离区的其他人员及其物品进行安全技术检查;对空运货物、邮件进行安全技术检查;对候机隔离区内的人员、物品进行安全监控;对执行飞行任务的民用航空器实施监护。

从职能上来看,安全技术检查部门具有预防和制止劫、炸机犯罪活动和保护民航班机及旅客生命财产安全的职能,具体体现在:预防和制止企图劫、炸机犯罪活动的职能;保护国家和人民生命财产安全的职能;服务职能等。

四、民航安全技术检查工作的原则

安全技术检查工作应当坚持安全第一、严格检查、规范执勤、热情服务的原则。在具体工作中应做到以下几个方面。

(一)安全第一,严格检查

确保安全是安全技术检查的宗旨和根本目的,而严格检查则是实现这个目的的手段和对安检人员的要求。所谓严格检查,就是严密地组织勤务,执行各项规定,落实各项措施,以对国家和乘客高度负责的精神,牢牢把好安全技术检查、飞机监护等关口,切实做到证件不符不放过,安全门报警不排除疑点就不放过,X射线机图像判断不清不放过,开箱(包)检查不彻底不放过,以确保飞机和旅客的安全。

(二)坚持制度,区别对待

国家法律、法规以及有关安全技术检查的各项规章制度和规定,是指导安全技术检查工作实施和处理各类问题的依据,必须认真贯彻执行,绝不能有法不依,有章不循。同时,还应根据特殊情况和不同对象,在不违背原则和确保安全的前提下,灵活掌握处理各类问题。通常情况下对各种旅客实施检查,既要一视同仁,又要注意区别,明确重点,有所侧重。

(三)内紧外松,机智灵活

内紧是指检查人员要有敌情观念,要有高度的警惕性和责任心、紧张的工作作风、严密的检查程序,要有处置突发事件的应急措施等,使犯罪分子无空可钻。外松是指检查时要做到态度自然,沉着冷静,语言文明,讲究方式,按步骤有秩序进行工作。机智灵活是指在错综复杂的情况下,检查人员要有敏锐的观察能力和准确的判断能力,善于分析问题,从受检人员的言谈举止,行装打扮和神态表情中,察言观色,发现蛛丝马迹,不漏掉任何可疑人员和物品。

(四)规范执勤,热情服务

机场是地区和国家的窗口,安全技术检查是机场管理和服务工作的一部分。检查人员要树立全心全意为旅客服务的思想,要做到检查规范,文明礼貌;要着装整洁,仪表端庄;要举止大方,说话和气,"请"字开头,"谢"字结尾;要尊重不同地区、不同民族的风俗习惯。同时,要在确保安全,不影响正常工作的前提条件下,尽量为旅客排忧解难。对伤、残、病旅客予以优先照顾,不能伤害旅客的自尊心,对孕妇、幼童、老年旅客要尽量提供方便,给予照顾。

五、民航安全技术检查工作的基本程序

所有安检人员必须熟悉安检工作的基本程序,明确要求。基本程序是:

值班领导在检查开始前应了解航班动态,传达上级有关指示和通知,一一提出本班要求及注意事项。

检查时,安检人员要求旅客按秩序排好队,准备好证件。首先查验旅客的身份证件及乘机凭证,检查无误后再请旅客通过安全门,对有疑点者要进行手工检查。手提行李物品、托运行李和货物快件、邮件应通过 X 射线机进行检查,发现可疑物品要开箱(包)检查,必要时可以随时抽查。在无仪器设备或仪器设备发生故障时,应当进行手工检查。

安全技术检查人员应当对进入候机隔离区等候登机的旅客实施监管,防止与未经安全技术检查的人员混合或接触。应派人员在候机隔离区内巡视,对重点部位加强监控。

安检各勤务单位必须认真记录当天工作情况及仪器使用情况,并做好交接班工作。

六、民航安全技术检查各岗位工作职责

(一)维序岗位

待检区维序检查岗位(如图 1-1 所示)工作人员负责旅客安检问题的释疑,加强巡视,注意发现可疑行李物品及可疑人员,维持旅客安全检查待检区的公共秩序。

(1)协助验证人员维持好"一米黄线"秩序。

(2)落实"首问责任制",做好导检服务。

(3)引导旅客进行有效分流。

(4)观察待检区人员动态,注意发现可疑人员及可疑行李物品。

(5)协助运输部门做好超大手提行李的管控。

图 1-1　维序岗位

（二）验证检查岗位

验证检查岗位（如图 1-2 所示）工作人员负责检查旅客的有效身份证件、机票、登机牌；识别涂改、伪造、冒名顶替以及其他无效乘机证件；协助有关部门查控犯罪嫌疑人。

图 1-2　验证检查岗位

（1）控制好"一米黄线"，维持通道口秩序。

（2）查验旅客证件，核对其相貌与乘机有效证件的相片是否相符。

（3）将旅客信息录入信息管理系统，并核对有效乘机证件姓名是否与登机牌或电脑显示的姓名一致。

（4）检查无误后在登机牌规定位置加盖验讫章，严禁涂改、伪造、冒用他人身份证件或登机手续不全的旅客进入隔离区。

（5）注意观察旅客动态，发现可疑对象时，要及时将重点检查的信息使用暗语手势通知到前传岗位。

（6）发现布控人员按预定处置方案处置，防止嫌疑人逃走。

（7）控制好旅客过检速度。

（三）前传岗位

前传岗位(如图 1-3 所示)工作人员负责协助查验旅客登机牌是否加盖验讫章；引导和协助旅客将手提行李物品按规定摆放在 X 光机传送带上；请旅客将随身携带的各种含金属物品放在托盘内并进行检查；引导旅客有秩序地通过安全门。

图 1-3　前传岗位

（1）对旅客随身携带行李件数、体积、重量按规定要求进行把关，不符合要求的请其办理托运。

（2）协助查验旅客登机牌是否加盖验讫章。

（3）正确引导和协助旅客将要检查的行李物品放在 X 光机传送带上。

（4）请旅客将身上的物品掏出来放在托盘内，然后将托盘放在 X 光机传送带进行 X 光机检查。

（5）引导旅客有秩序地通过安全门，配合好人身检查员，掌握旅客通过安全门的速度。

（6）根据验证员的示意，通知 X 光机检查员和人身检查员需要进行重点检查的行李物品和对象。

（7）发现问题及时报告分队领导。

（四）人身检查岗位

人身检查岗位(如图 1-4 所示)工作人员应密切注意安全门报警情况，使用规范动作和文明用语对通过安全门检查有疑点的旅客进行手工或仪器复查，防止漏检、错检。

（1）密切注意安全门报警情况，防止漏检、错判，同时使用规范动作和文明用语对经过安全门后需要接受检查的旅客进行手工或仪器检查。

（2）对经过安全门检查时存在可疑的或前传检查员告知应重点检查的旅客要进行严格检查；必要时请示大队领导实施人身手工检查。

（3）对查出的违禁物品和限制物品及时交分队领导处理。

（4）及时提醒旅客拿走自己放在托盘内的各种物品和随身携带的行李物品。

（5）发现安检设备异常情况，及时报告分队领导。

图 1-4 人身检查岗位

（五）开箱（包）检查岗位

开箱（包）岗位（如图 1-5 所示）工作人员负责对行李实施开箱（包）手工检查；根据 X 光机操作员指示的位置，准确地排除疑点。

图 1-5 开箱（包）检查岗位

（1）负责根据 X 光机操作员指示的位置，对旅客的行李实施开箱（包）手工检查。

（2）基本掌握各种物品反映在 X 光机显示器荧屏上图像的形状和颜色深浅程度及其在箱（包）内的位置，以便检查时能准确地、迅速地查出可疑物品。

（3）对查出的违禁物品和限制物品及时交分队领导处理，同时负责把需要办理暂存物品的旅客移交给内勤的工作。

（4）认真检查箱内 X 光机操作员指示的位置的每件物品，直到排除疑点，同时将检查的情况及时回馈给 X 光机操作员。

（5）对液态、胶状及粉末状物品进行重点检查，辨别不清的可利用液态物品检查仪及炸药、毒品探测仪进行测试。

（6）协助旅客复原行李物品，并提醒旅客提取所有行李物品。

（7）疏导旅客尽快离开安检现场进入隔离区，维护现场秩序。

（六）X射线机操作岗位

X射线机操作岗位（如图1-6所示）工作人员负责对进入隔离区的行李及物品的检查；准确判断识别违禁物品，禁止危害航空安全的物品进入隔离区或登机，防止漏检发生。

图1-6　X射线机操作岗位

（1）负责对进入候机隔离区的所有行李进行安全检查，禁止危害航空安全的物品进入隔离区或被带上航空器。

（2）了解和掌握X光机的一般工作原理和性能、操作规程、常见故障的排除方法，注意仪器设备的维护保养。

（3）集中精力认真观察X光机荧屏，仔细分辨物品图像，对图像模糊不清或有怀疑的物品进行重新检查或告知开箱（包）检查员实施手工检查，并向开箱（包）检查员指出可疑物品的位置，及时了解可疑物品的性质并根据实际情况做出相应的处理。

（4）发现安检设备异常情况，及时报告分队领导。

七、民航安全技术检查部门的权限

（一）行政法规的执行权

民航安全技术检查部门是保障航空安全的服务队伍，是一支专业技术团队，执行国家法律及国务院、民航局、公安部为保证航空安全发布的有关行政法规和规章。

（二）检查权

（1）对乘机旅客身份证件的查验权，通过对旅客身份证件核查，防止旅客用假身份证或冒用他人身份证件乘机，发现和查控通缉犯。

（2）对乘机旅客的人身检查权，包括使用仪器检查和手工检查。

（3）对行李物品的检查权，包括使用仪器检查和手工开箱（包）检查。

（4）对货物、邮件的检查权。

（5）对进入候机隔离区和登机人员证件的查验权、人身检查权和物品检查权。

（三）拒绝登机权

（1）在安全技术检查中,当发现有故意隐匿枪支、弹药、管制刀具、易燃、易爆等可能用于劫（炸）机的违禁品及危险品的旅客时,安检部门有权不让其登机,并将人与物一并移交机场公安机关审查处理。

（2）在安全技术检查过程中,对手续不符和拒绝接受检查的旅客,安检部门有权不准其登机。

案例链接 1-1

旅客隐匿携带打火机被取消乘机资格

2017 年 2 月 18 日消息:近日,香港居民李某在齐齐哈尔机场通过安全检查时,因藏匿打火机,被取消乘机资格。当日中午 12 点 30 分左右,齐齐哈尔机场安检站正在执行齐齐哈尔至上海航班的安检任务。当人身检查员检查到旅客李某腿部时发现其双腿紧绷,不配合检查,并且金属探测器发出"嘀嘀"的报警声,经过检查员的严格细致检查,查出该旅客隐匿在右腿内侧的打火机一只。随后立即将李某移交机场公安机关处理。经查,李某因烟瘾过大,明知道禁止携带打火机等危险物品,为下飞机方便吸烟,便心存侥幸心理意图蒙混过关。机场公安部门依据相关规定,取消其当日乘机资格。据悉,这是齐齐哈尔机场春运以来查获的第二起旅客隐匿夹带违禁品事件。日后,机场将加大安全检查力度,一经查处,必将严肃处理。齐齐哈尔机场提醒广大旅客,乘坐民航航班时,要自觉守法,积极配合机场安检人员进行检查,严禁携带打火机、火柴、易燃易爆等危险物品乘机,不要存在侥幸心理,以免耽误自己的行程。

资料来源:http://news.carnoc.com/list/393/393135.html

（四）候机隔离区监控权

（1）候机隔离区没有持续实施管制的,在使用前,安检机构应当对候机隔离区进行清查。

（2）安检机构应当派员在候机隔离区内巡视,对重点部位加强监控。

（3）经过安全检查的旅客应当在候机隔离区内等待登机。如遇航班延误或其他特殊原因离开候机隔离区的,再次进入时应当重新经过安全检查。

（4）候机隔离区内的商店不得出售可能危害航空安全的商品。商店运进商品应当经过安全检查,并接受安检机构的安全监督。

（五）航空器监护权

（1）对出、过港航空器实施监护。

（2）应机长请求，经机场公安机关或安检机构批准，安检人员可以进行清舱。

第二节　安检人员的职业道德规范

职业道德是随着社会分工的发展，并出现相对固定的职业时产生的，是社会道德体系的重要组成部分。它不仅能够调节职业交往中从业人员内部以及从业人员与服务对象间的关系，能够维护和提高本行业的信誉，而且还有助于本行业的发展和全社会道德水平的提高。它是每一个劳动者的基本准则，是维护市场经济秩序的保障。不管从事什么工作都应遵守与本职业相适应的行为规范和准则。

一、职业道德概述

（一）职业道德的含义

职业道德，是从事一定职业的人们在职业活动中所应遵循的特定职业规范和行为准则的总和，即正确处理职业内部、职业之间、职业与社会之间、人与人之间关系时应当遵循的思想和行为的规范。它是一般社会道德在不同职业中的特殊表现形式。职业道德是在相应的职业环境和职业实践中形成和发展的。职业道德不仅是从业人员在职业活动中的行为标准和要求，而且是本行业对社会所承担的道德责任和义务。职业道德是社会道德在职业生活中的具体化。

（二）职业道德的特点

职业道德的特点主要表现在 4 个方面。

1. 范围上的特殊性

职业道德是调整职业活动中各种关系的行为规范。社会职业千差万别，职业道德因行业而异，个性特征鲜明，每种职业道德在特定的职业范围内具有特殊的职业道德规范，各个具体的职业道德都从自己的职业要求出发，用来规范本职业人员的职业行为。职业的不同差别，形成了职业道德适用范围的千差万别。从民航系统看，安检的职业道德，主要是调节安检人员与旅客、货主之间的职业道德关系。

2. 内容上的稳定性、连续性

职业道德与职业生活紧密相连，在长期的社会职业实践中形成了稳定的职业心理和世代相袭的职业传统习惯。

3. 形式上的多样性、具体性

职业道德的内容千差万别，各行各业从突出自身特点出发，采取具体、灵活、多样的表现形式，将职业道德的内容具体化、规范化、通俗化。

4. 执行上的纪律性

纪律也是一种行为规范,但它是介于法律和道德之间的一种特殊的规范。它既要求人们能自觉遵守,又带有一定的强制性。就前者而言,它具有道德色彩;就后者而言,又带有一定的法律色彩。就是说,一方面遵守纪律是一种美德;另一方面,遵守纪律又带有强制性,具有法律的要求。

二、安检人员的职业道德规范

职业道德规范是职业道德的基本内核,它是人们在长期的职业劳动中反复积累,逐步形成的,也是对人们在职业劳动中必须遵守的基本行为准则的概括和提炼。职业道德教育的根本任务是提高教育者职业道德素养,调整其职业行为,使受教育者能培养成崇高的敬业精神、严明的职业纪律和高尚的职业荣誉感。

(一)安检人员职业道德规范的基本要求

安检人员职业道德规范是社会主义职业道德在民航安检职业活动中的具体体现,既是安检人员处理好职业活动中各种关系的行为准则,也是评价安检人员职业行为的标准。鉴于安检工作的特殊性,安检人员职业道德规范应首先从观念上解决好以下 4 个方面。

1. 树立风险忧患意识

安全技术检查的根本职能是保证空防安全,严防劫机和炸机事件的发生,风险大,责任重。从 1977 年至 1994 年的 17 年间,我国共发生了 35 起劫机炸机事件,国际上从 20 世纪 60 年代起,劫机炸机事件逐年增多,最后急剧增加到一年内发生 91 起。这种恐怖破坏活动,危害极大,损失惨重,影响极坏,受到世界舆论的强烈谴责,众多国家相继采取严密的防范措施。但是,"树欲静而风不止",随着国际国内社会形势的不断变化,恐怖犯罪分子总想兴风作浪,时时在寻找机会,千方百计地变换手段企图劫机,空防安全的风险和威胁无时不在。每一位安检人员必须牢牢树立风险忧患意识,坚决克服松懈、麻痹等思想,保持高度警惕的精神状态,将各种不安全的隐患及时消灭在萌芽状态。

2. 强化安全责任意识

任何职业都承担着一定的职业责任,职业道德把忠实履行职业责任作为一条主要的规范,从认识上、情感上、信念上、意志上以至习惯上养成忠于职守的自觉性,坚决谴责任何不负责任、玩忽职守的态度和行为,对无视职业责任造成严重损失的,将受到法律制裁。安检的每一个岗位,都与旅客生命和财产的安全紧密相连,空防安全无小事,失之毫厘,差之千里,安全责任重如泰山。我们必须时刻保持清醒的头脑,正确分析安全形势,明确肩负的安全责任,做到人在岗位,心系安全,一点不松地坚持空防安全的操作规程,一字不变地执行空防安全的指令、规定,履行空防安全的职责一寸不退,确保空防安全万无一失,让党和人民放心。

3. 培养文明服务意识

文明服务是社会主义精神文明和职业道德的重要内容,也是社会主义社会人与人之间平等团结、互助友爱的新型人际关系的体现。安检工作既有检查的严肃性,又有服务的文明性。安检人员成年累月地与祖国和世界各地旅客交往,一言一行都影响着中国民航形象,也影响着国家和民族的声誉,每个员工都要自觉摆正安全检查与文明执勤服务的关系,摆正个人形象与国家民族声誉的关系,纠正粗鲁、生硬等不文明的检查行为,做到执勤姿态美、行为美、语言美,规范文明执勤的管理,塑造安检队伍良好的文明形象。

4. 确立敬业奉献意识

安检职业的特点,要求我们必须确保把空防安全放在职业道德规范的首位,要求安检战线广大干部职工有强烈的事业心、高度的责任心和精湛的业务技能,具有严格的组织纪律观念和高效率,快节奏的工作作风,具有良好的思想修养和服务态度。从安检岗位所处的特殊环境看,安检人员要确立敬业奉献意识,必须正确对待 3 个考验:一是严峻的空防形势考验。安检队伍在严峻的空防形势中产生和发展,年复一年,日复一日地闯过一道道艰难险阻,消除了炸机劫机的隐患。天下并不安宁,必须忘我地工作,高度警惕,守好岗位。二是繁重工作任务的考验。安检人员长年累月五更起半夜睡,连续作战,艰苦奋战在一线岗位。三是个人利益得失的考验。在繁重的安检岗位上,个人家庭生活、经济收入相应会受到不同程度的影响,紧张艰苦的工作环境也容易引起思想波动。为了民航全局的整体利益,为了空防安全的万无一失,每个安检人员要在其位尽其职,正确经受考验,视空防安全为自己的生命,树立"亏了我一个,造福民航人"的崇高境界,热爱安检岗位,乐于无私奉献,立足安检岗位,建功立业。

(二)安检人员职业道德规范的基本内容

安检职业道德规范,要在确保安全的前提下,以全心全意为人民服务和集体主义为道德原则,把"保证安全第一,改善服务工作,争取飞行正常"落实在安检人员的职业行为中,树立敬业、勤业、乐业的良好道德风尚。根据民航安检工作的行业特点,安检职业道德规范的基本内容如下所述。

1. 爱岗敬业,忠于职守

爱岗敬业,忠于职守就是热爱本职工作,忠实地履行职业责任。要求安检人员对本职工作恪尽职守,诚实劳动,在任何时候任何情况下都能坚守岗位。

热爱本职,爱岗敬业是一种崇高的职业情感。所谓职业情感,就是人们对所从事的职业的好恶、倾慕或鄙夷的情绪和态度。爱岗敬业,就是职业工作者以正确的态度对待各种职业劳动,努力培养热爱自己所从事职业的幸福感、荣誉感。爱岗敬业是为人民服务的基本要求。一个人一旦爱上自己的职业,他的身心就会融合在职业活动中,就能在平凡的岗位做出不平凡的事迹。

爱岗敬业,忠于职守是社会主义国家对每一个从业人员的起码要求。任何一种职业,都是社会主义建设和人民生活所不可缺少的,都是为人民服务,为社会做贡献的岗位。无论做什么工作，也无论你是否满意这一职业，定岗以后，都必须尽职尽责地做好本职工作。任何一种职业都承担着一定的职业责任，只有每一个职业劳动者都履行了职业责任，整个社会生活才能有条不紊地进行。因此，我们应当培养高度的职业责任感，以主人翁的态度对待自己的工作，从认识上、情感上、信念上、意志上，乃至习惯上养成"忠于职守"的自觉性。

爱岗敬业，忠于职守是安检人员最基本的职业道德，它的基本要求是：一要忠实履行岗位职责，认真做好本职工作，安检人员要以忠诚于国家和人民为己任，认真承担自己的职业责任和履行义务。不论是查验证件、进行旅客人身和行李物品检查，还是监护飞机，都要做到兢兢业业，忠于职守。二要以主人翁的态度对待本职工作，树立事业心和责任感。每一名安检人员都是民航的主人，是民航事业发展的创造者。安检工作是民航整体的一个重要组成部分，大家要自觉摆正个人与民航整体的关系，树立民航发展我发展，民航兴旺我兴旺，民航安全我安全的整体观念。热情为民航腾飞献计，主动为空防安全分忧，自觉为安检岗位操心，牢记全心全意为人民服务的宗旨，一言一行向人民负责，为祖国争光。三要树立以苦为乐的幸福感。正确对待个人的物质利益和劳动报酬等问题。克服拜金主义、享乐主义和极端个人主义的倾向，乐于为安检做贡献。四要反对玩忽职守的渎职行为。安检人员在职业活动中是否尽职尽责，不仅直接关系到自身的利益，而且关系到国家和人民生命财产的安全。玩忽职守，渎职失责的行为，不仅会影响民航运输的正常活动，还会使公共财产、国家和人民利益遭受损失，严重的将构成渎职罪、玩忽职守罪、重大责任事故罪，将会受到法律的制裁。

2. 钻研业务，提高技能

职业技能也可称为职业能力，是我们在职业活动中实现职业责任的能力手段。它包括实际操作能力、处理业务的能力、技术能力以及有关的理论知识等。

钻研业务，提高技能是安检职业道德规范的重要内容。掌握职业技能，是完成工作任务为人民服务的基本手段，不仅关系到个人能力大小，知识水平的高低，也直接关系到安检工作效率和服务质量，关系到人民群众的切身利益。安检人员提高业务技能应练好以下 3 个基本功：第一，系统的安检基础理论学习。如安检政策法规理论、防爆排爆基础理论、民航运输基础理论、飞机构造基础知识、电脑基础知识、法律基础知识、常用英语基础知识、心理学基础知识、外事知识、世界各国风土人情和礼节礼仪知识等。第二，精湛的业务操作技能。无论是证件检查、X 射线机检查、人身检查，还是开箱检查、机器故障的检测维修、飞机监护与清查，实质上都是技术较密集型的岗位，每个安检人员应努力做到一专多能，技能上精益求精，人人成为合格的岗位技术能手。第三，灵活的现场应急处置技能。安检现场是成千上万旅客流动的场所，各种情况复杂多变，意想不到的突发问题随时可见，提高现场灵活的处置能力显得更为重要。

3. 遵纪守法，严格检查

遵纪守法是指每个职业劳动者都要遵守职业纪律以及与职业活动相关的法律、法规。严格检查，确保安全是安检人员的基本职责和行为准则。遵纪守法，严格检查的基本要求：一是要求安检人员在安检过程中，必须做到依法检查和按照规定的程序进行检查。《中华人民共和国民用航空法》和《中华人民共和国民用航空安全保卫条例》以及民航局有关空防工作的指令和规定,为安全技术检查提供了法律依据,也是安检工作步入法制化的新契机。每一位安检人员要克服盲目性和随意性的不良习惯,强化法律意识,吃透法律精神,严格依法实施安全检查,学会运用法律武器处理问题,依法办事。二是安检人员要自觉遵守党和国家的各项法律法规和政策规定自觉学法、用法、守法,严格遵守外事纪律、保密纪律、安检岗位纪律,自觉把好权力关、金钱关、人情关,严禁参与社会上"六害"等不法行为活动,做遵纪守法的模范。三是在实施检查工作中,在执行每次任务中,每一个流程、每一个环节,安检人员都要做到一丝不苟,全神贯注,严把验证、人身检查、行李物品检查、飞机监护几道关口,各个关口要层层设防,层层把关,做到万无一失,把隐患消灭在地面上,让每一个航班平安起降。

4. 文明执勤,优质服务

文明执勤,优质服务,是安检人员职业道德规范的重要内容,也是民航安检职业性质的具体表现,充分体现了"人民航空为人民"的宗旨。安全检查的根本任务,就是为人民服务,为旅客安全服务,我们应通过文明的执勤方法,优质的服务形式,来实现这个根本任务。要真正做到文明执勤,必须从以下 3 个方面着手:其一,文明执勤必须要端正服务态度。安检人员要以满腔热情对待工作,以主动、热情、诚恳、周到、宽容、耐心的服务态度对待旅客,反对冷漠、麻木、高傲、粗鲁、野蛮的恶劣态度。其二,文明执勤必须要规范化服务。安检人员在执勤时仪容整洁,举止端庄,站有站相,坐有坐相,说话和气,想旅客所想,忧旅客所忧,树立旅客至上、助人为乐的行业新风。其三,必须摆正严格检查与文明服务的辩证统一关系,两者是互相紧密联系的整体。我们要用文明的执勤姿态、举止、语言和行为,努力塑造民航安检的文明形象,赢得社会的信赖和支持。

案例链接 1-2

捍卫空防安全　践行真情服务

作为第一国门空防安全的主力军,北京首都机场航空安保有限公司(以下简称"安保公司")承担着对进入首都机场各个区域安全检查、通道警卫、航空器监护以及商品货物、出港货物、邮件的安全检查等工作。值守岗位遍布首都机场范围内 129 条安检通道,28 条货检通道,14 条围界安检通道,71 个通道控制岗,335 个机位的航空器监护,安全管控可谓点多、线长、面广。

安保公司仅 2015 年检查旅客 4 613 万人次,检查货邮 25.3 万吨,监护航班 51.6 万架次。截至目前,已连续 59 个月没有发生责任原因导致的不安全事件,连续 55 个月没有发生责任原因导致的航班延误事件,为确保首都机场空防安全做出了积极贡献。

近年来,随着国内外安全形势日趋严峻、旅客流量不断增长,首都机场安检资源日趋紧张,空防安全压力前所未有。安保公司始终坚持持续安全的理念,全力确保首都机场空防绝对安全。同时,面对日趋多元化的旅客需求,安保公司在坚持安全第一的基础上,不断改进和提升服务水平,切实让旅客感受到真情服务。

坚持安全第一不动摇

无论是国内还是国际,乘机安检的新闻五花八门,层出不尽。这恰恰成为机场安检面临复杂安全形势的真实写照。安保公司的工作看似简单,但责任重大。当前,防范恐怖袭击、防范个人极端行为与各类危险品威胁,逐步成为保障空防安全的重点工作。面对复杂形势,安保公司审时度势、积极应对,实现了从理念到手段的完善和更新,大力推动安检向"依法安检、科学安检、人文安检"转变。

民航安检与其他安检不同,民航安检是《中国民用航空法》《中华人民共和国民用航空安全保卫条例》等法律法规要求强制执行的,具有一定的法律效力。安全检查的标准、对禁限带物品的要求以及检查的严格细致程度有更高的要求。安保公司将国家对民航安全检查的法律法规具体化,持续完善《岗位操作手册》,提升安全管理制度的合规性和员工资质水平、实操技术能力,确保法律规章标准落地。同时,通过与新闻媒体、机构联合,对外宣传有关民航安全检查的法律法规,增强旅客的守法意识和对安检工作的认识和了解。做到内外结合,依法安检。安保公司日均检查旅客12.5万余人次,如何做到每名旅客一件违规物品都不能带上飞机难度系数可想而知。特别是在安检资源紧张、旅客高峰时段延长、客流量依然不断增加的情况下,安保公司积极挖掘内部潜力,合理调配资源,不断在提升过检效率、提高服务水平上下功夫,在科学管理上想办法、动脑筋。

让旅客真切地感受到真情服务

人文安检是依法安检和科学安检的升华,强调的是维护法规尊严与给予旅客愉悦体验相统一,是安全服务品质的外在体现,也是真情服务最好的诠释。人文安检就是把安检执法与人性化服务结合起来,强调安全检查、安全检查行为和语言的规范性,使旅客既主动地接受安全检查,又让旅客感到被尊重,还要给旅客带来温馨舒适的过检体验。

安保公司先后设立了"无行李旅客快速过检通道""无障碍通道""女性专用通道"等个性化安检通道,推出了"环绕式检查""L型举手示意法""安检帮帮忙"等服务举措,得到旅客广泛好评。在针对团队旅客过检的问题上,安保公司专门与北京市旅游委建立了合作机制,加强对团队旅客相关法律法规的宣传,方便了团队旅客过检,减少了普通旅客的排队等候时间。在大力倡导真情服务,彰显人文关怀的同时,还有效缓减了安检资源紧张与旅客吞吐量持续增长带来的运行压力,取得了安全与服务的双赢。

资料来源:http://www.ccae.net.cn/201607/169736.shtml

---

5. 团结友爱,协作配合

团结友爱,协作配合,是处理职业内部人与人之间,以及协作单位之间关系的职业道德规范,是社会主义职业道德集体主义原则的具体体现,是建立平等友爱互助协作新型人际关系,增强整体合力的重要保证。

对安全技术检查这一特定的职业来说,只有搞好个人与个人之间的团结协作,加强安检队伍与外部友邻单位的密切联系,促进纵向系统与横向系统的广泛交往,形成紧密联系,互相团结协作的纽带,空防安全才能建设成坚不可摧的钢铁防线。我们讲团结协作,不是无原则的团结,而是真诚的团结,按照社会主义职业道德规范要求,应划清几个界限:一是顾全大局与本位主义的界限。要反对本位主义不良倾向,不能遇事只从本位主义利益出发,而应站在全局利益和整体利益上认识和处理问题,这样才能求得真正的长远的团结。二是集体主义与小团体主义的界限。表面上看小团体主义也是为了集体,但本质上与集体主义有着原则性的区别,集体主义是国家、集体、个人三者利益的统一,小团体主义是不顾三者利益而只求单位团伙的狭隘利益,甚至牺牲别人利益而满足自己利益,是本位主义的延伸和发展。三是互相尊重协作与互相推诿扯皮的界限。互相尊重协作是团结的基础,是建立在平等信任的关系之上,而互相推诿扯皮是典型的个人主义和自由主义的反映,只能分裂团结,造成大家离心离德。四是团结奋进与嫉贤妒能的界限。团结奋进不仅是精神状态问题,而且是团结的最终目标,通过团结形成强有力的整体而不断开拓进取。相反嫉贤妒能是涣散斗志、涣散团结的腐蚀剂,要坚决反对这种消极无为的现象,运用种种方式形成强有力的舆论力量加以制止。全体安检人员要紧密凝聚成坚强的集体,为祖国民航事业的腾飞、为国家繁荣昌盛而贡献力量。

(三)安检人员职业道德养成的基本途径

1. 抓好职业理想信念的培养

安检人员具备良好的职业理想信念和职业道德境界,是职业道德养成的思想基础。要坚持用马克思主义道德观和中国特色的社会主义理论武装头脑,用科学的理论教育人、用正确的舆论引导人、用高尚的情操陶冶人,与腐朽的消极的职业道德观划清界限,自觉抵制错误职业道德的影响,树立正确的职业理想和人生信念,把个人的人生观、价值观、幸福观与民航安检事业统一起来,立志为空防安全而奋斗。

2. 注重职业道德责任的锻炼

所谓职业道德责任,就是从事职业的个人对社会、集体和服务对象所应承担的社会责任和义务。对安检职业忠于职守、尽职尽责与麻木不仁、玩忽职守是两种对立的职业道德责任表现。只有建立职业道德责任制,将安检人员职业道德规范责任到岗位,责任到每个员工,贯穿落实到安检工作全过程。形成层层落实的责任机制,职业道德规范才能逐步变成每个员工的自觉习惯,高度的职业道德责任才能在每个员工的心灵中逐步扎根。

3. 加强职业纪律的培养

职业纪律是职业道德养成的必要手段,是保证职业道德成为人们行为规范的有效措施。职业道德靠社会舆论、内心信念、传统习惯来调整人与人、人与社会的关系,而职业纪律靠强制性手段让人们服从,具有一定的强制约束力。建立一套严明的安检职业纪律约束机制,培养令行禁止的职业纪律,是加强安检人员职业道德养成的重要途径。对自觉遵守职业道德成效显著的要大张旗鼓地给予表彰宣扬,对职业道德严重错位示范,影响恶劣的,除进行必要教育引导外,视情节给予纪律处罚,充分发挥职业纪律的惩戒教育和强制约束的作用。

4. 强化职业道德行为的修养

职业道德行为的修养,就是指安检人员在安检实践活动中,按照职业道德基本原则和规范的内容,在个人道德品质方面自我锻炼,自我改造,形成高尚的道德品质和崇高的思想境界,将职业道德规范自觉转化为个人内心要求和坚定的信念,形成良好的行为和习惯。周恩来总理在1942年抗日战争紧张的战斗生活中,亲自制定"自我修养要则"七条,成为他一生中始终如一严格自律的标准,为我们道德修养树立了光辉典范。每一位安检人员应自觉以职业道德规范"慎独"地检查自己言行,尤其是在别人看不到、听不到、心知自知的无人监督情况下,独立严格约束自己,自觉成为职业道德的模范。

知识链接 1-1

民航安检员的职业意识

某航空公司航班上旅客携带鞭炮过安检没有被发现,上飞机之后主动将其交给飞机上乘务员,在此之前,同样发生过刀具未被检查出而由旅客在飞机上向空姐自我举报的情形,类似事件的出现引发了公众对民航安检工作质量的强烈质疑。

大部分安检人员认为这种危险物品或违禁品"漏检"属于工作中的重大失误,如果保持高度的责任感和防范意识,这种安全隐患本可以避免。类似事件的曝光给民航安检工作带来了严重的负面影响,但这也进一步促使安检部门进行深刻反思,从安全责任意识及业务技能方面进行自查自纠,从而堵塞工作中的漏洞。

民航空防安全工作重点在地面,核心是安检。安检工作担负着将影响空防安全的人或物阻截在地面,保障旅客旅行安全,防止劫机和炸机事件发生的重任,安检工作无小事。社会心理学家认为,人们是根据对外部世界的意识知觉来行动的,而不是根据外部世界本身来行动,人们认识不到的事物不会对其决策产生影响,所以安检员的任何一点疏忽或大意,都可能触碰"安全红线"。鉴于民航安检工作特殊的职业性质,安检人员要具备以下4个方面的职业意识:

一是强烈的忧患风险意识。空防安全事故直接危及国家安全和人员的生命财产安全,会给国家和企业在政治和经济上带来重大损失。安检员从事的工作就是要把危险的人或物阻截在地面,有效预防和制止人为的非法干扰民用航空运行的犯罪与行为,安全检查工作中的每一分钟都是在与影响民航空防安全的隐患做斗争。因此,安检员的工作过程就是在防控风险,必须对自己的工作岗位要"高看一眼",具有强烈的大局意识和政治意识。

二是高度的安全责任意识。任何职业都要承担着一定的职业责任,忠实履行责任应为必须。安检员要从认识、情感以至习惯等方面养成忠于职守的主动性,检查过程严格按照安检规范程序和上级安保指令进行操作,做到"四到",即嘴要问到、眼要看到、手要触到和心要想到,不能嫌麻烦、省程序,杜绝任何不负责任甚至玩忽职守的态度和行为,坚决避免无视职业责任而造成的安全隐患。

三是持续的敬业奉献意识。安检职业的特点要求我们必须把确保空防安全放在职业道德规范的首位,要求安检员应该有强烈的事业心、高度的责任感和精湛的技术技能,具有严格的组织纪律观和良好的思想修养及服务态度。安检员要不断学习,增强各种危险物品的查验能力,持续提升安检业务技能水平。

四是优质的文明服务意识。文明服务,是社会主义精神文明和职业道德建设的重要内容。相比较乘坐火车、汽车等交通工具而言,许多旅客选择乘飞机出行,就是冲着民航的优质服务来的,安检的服务无疑包括其中,安检人员要文明执勤,必须做到仪容仪表、语言行为和礼节的规范化,安检员优质的文明服务,必然可以增强旅客对安检措施的配合程度,使安全检查的措施和手段能够得以顺利实施并取得良好效果。

资料来源:http://news.carnoc.com/list/220/220383.html

第三节　民航安全技术检查的产生和发展

一、国际安全技术检查的产生和发展

(一)国际安全技术检查的产生

安全检查工作并非是伴随民航业的产生而产生的。在世界民航业发展之初,民用航空器数量少,载客量小,对人们生活的影响不大。二次世界大战之后,国际民航业迅猛发展,尤其是进入喷气时代后,民用航空器所带来的社会影响日益增大。但当时正处于东西方冷战的特殊时期,加之国际恐怖主义活动日趋频繁,想外逃的,想对政府施加压力的,想报复社会的等都将目光和注意力集中到了民航业上,打起了飞机的主意。国际上各种炸机、劫机事件直线上升,劫机范围迅速扩大。1968 年以前平均每年不超过 6 起,发展到 1968 年的 35 起,1969 年的 90 起,1970 年的 88 起,平均每 4 天 1 起。据国际航空运输协会的不完全统计,自1969 年至 1979 年的十年时间内,在劫机事件中被扣作人质的旅客达 37 756 人,死亡1 600 人,受伤 1 045 人。炸机、劫机行为严重影响了民航的安全运输和经营,危及旅客、机组人员的财产和生命安全,各国政府为此焦头烂额。

劫、炸机事件的频繁发生成为一个严重的国际性问题,引起了国际社会的高度关注。联合国和国际民航组织严厉谴责非法劫持和其他危害民航安全的行为,强烈呼吁加强国际合作,有效制止该类事件的发生。世界各国政府和航空公司为了确保民航安全,维护国家和航空公司的形象与声誉,开始采取必要的防范措施。20 世纪 70 年代初,安全技术检查在民航运输业比较发达的美国、日本等国家应运而生,并在短短数年内迅速地发展成了一种全球性的航空安全保卫措施。

(二)国际安全技术检查的发展

国际民航安全技术检查经历了由点到面、由手工检查到仪器检查的发展过程。从检查的方式和手段来看,该过程大致可划分为 4 个阶段。

第一阶段,手工检查阶段。1970 年,安全检查工作首先在美国、日本等国的主要机场开始实施。检查的方式是用双手触摸旅客的身体实施人身检查,旅客行李则采用手工开箱(包)检查的方式进行,没有使用任何仪器。这种方式耗时长,工作量大,且容易受主观因素影响。

第二阶段,手工检查到仪器检查的过渡阶段。1973 年,美国率先在主要的国际机场使用仪器检查;1974 年,日本也在一些大型机场投入使用检查仪器;随后,法国、瑞士、英国等国家也踊跃效仿。在该阶段,安全检查以人工和仪器相结合的方式进行。其中,仪器检查仅在部分发达国家的旅客运输量大的几个主要大型机场使用,中小型机场仍以手工检查为主。

第三阶段,仪器检查普及阶段。随着社会的发展和科技的进步,安全检查仪器的质量不断提高,X 射线安全检查仪从单能量逐步发展为多能量,反映在监视器荧光屏上的图像越来越清晰,并且有立体感,较容易辨别行李中的各种物品。安全检查仪器质量的提高,使安检仪器的使用不断普及,并逐渐成为机场安全检查的主要方式。同时,安全检查的组织结构也日趋完善,部分发达国家设立了专门机构来负责民航安全检查工作。

第四阶段,从一般仪器检查到新型多功能检查仪的过渡阶段。起初民航安全检查使用的 X 射线安全检查仪等仪器,主要用于检查旅客及其行李中可能藏匿的危险物品,如枪支、子弹、匕首、炸弹等。近些年来,恐怖分子为了规避检查,开始使用非金属的危险品,尤其是塑性炸药。为此,国际上已成功研制出多款可探测出非金属爆炸物的化学分析仪器并在部分机场投入使用。

二、我国安全技术检查的产生和发展

(一)我国安全技术检查的产生

就我国来说,早在 20 世纪 50 年代,周恩来总理就指示民航要"保证安全第一,改善服务工作,争取飞行正常"。在以周总理指示为工作方针的指导下,我国民航始终将安全工作摆在首位。因而,在二十世纪五六十年代,我国的空防局面良好,飞行安全记录在国际上处于先列。

20 世纪 70 年代初国际上劫机事件的频繁发生,让我国政府充分意识到预防劫机事件发生的紧迫性和重要性。20 世纪 70 年代末,我国航空运输事业发展到一定规模,国内航线已形成网络。然而,劫机事件开始殃及国内航线,1977 年和 1979 年我国先后发生两起现行反革命分子妄图劫持国内航线飞机叛逃国外的事件。这两起事件虽未得逞,但让全国为之震惊,为安全检查制度的建立起到了较大的推动作用。加之,当时中国正值改革开放之初,国际航线迅速增多,国际恐怖主义也开始渗透中国。为了适应不断发展的航空事业,我国先后加入了《东京公约》《海牙公约》和《蒙特利尔公约》等。然而,当时我国的安全检查工作滞后,许多外国航空局对我国不进行安全检查工作纷纷提出意见。日航、法航要求我国实行严格的安全检查,以防止恐怖活动;埃塞俄比亚外交部也向我国驻埃使馆提出,允许其航空公司在北京检查乘坐其班机的旅客和行李,以确保安全,如我国不同意,则要求我国政府做出书面保证,如发生事件,要承担一切后果。美国泛美航空公司也提出类似要求。

在国内和国际双重因素的影响之下,为加速开展我国机场的安全检查工作,公安部与民航总局在 1979 年 5 月联合派出考察团,先后赴法国、瑞士等国考察其机场安全检查工作。考察团回国后向国务院递交了两份考察报告,详细介绍了外国机场的安全检查设备、方法等,并提出了自己的建议。1980 年 9 月,国务院批准了公安部、民航总局的报告,同意对国际航班实施安全检查。从此，中国的安检工作走上了新的发展道路。

（二）我国安全技术检查的发展

纵观我国安全技术检查的发展，大致也经历了 4 个阶段。

第一阶段：1981 年 4 月—1981 年 11 月。在该阶段，由武警边防部门负责对部分国际机场乘坐国际航班的中外籍旅客及其携带的行李物品实施安全技术检查。为了积极配合该项工作的开展，1981 年 3 月 15 日，公安部发布了关于航空安全检查的通告。同时，外交部礼宾司也照会了各国驻华使馆。通告和照会规定了乘坐国际航空的中外籍旅客及其携带的行李物品必须接受仪器检查或手工检查，对拒接受检查者，一律不许登机，由此引发的一切损失由旅客本人负责。还规定，旅客不得携带易燃易爆物品、各式武器、弹药及其他危害飞机飞行安全的物品。如若发现携带上述物品且有劫机嫌疑的，一律交公安机关处理。照会还规定，来访的各国元首及高级领导人可免于安全检查。对于大使夫妇等外交人员的检查方式，照会也做了相关规定。

总的说来，该阶段的安全检查工作时间不长，涉及面不广，仅对部分国际机场乘坐国际航班的乘客实施安全检查。

第二阶段：1981 年 11 月—1983 年 7 月。1981 年 10 月 15 日，公安部再次发布关于航空安全检查的通告："为了确保民航国内班机的运输安全，决定从 1981 年 11 月 1 日起，在中华人民共和国境内各民用机场，对乘坐民航国内航班的中外籍旅客及其携带的行李物品实施安全技术检查"。该通告在 1981 年 3 月 15 日"通告"的基础上增加了"严禁将武器、凶器、弹药和易燃、易爆、剧毒等物品夹在行李、货物中托运"等内容。

总体而言，该阶段的安全检查工作已全面开展，涉及面广，开始由民航公安保卫部门负责对境内各民用机场乘坐国内班机的中外籍旅客及其携带的行李物品实行安全技术检查。但因仪器、制度、队伍管理等尚未完善，仍存在诸多漏洞。

第三阶段：1983 年 7 月—1992 年 4 月。1983 年 5 月 8 日，国务院发布了《关于加强防止劫机的安全保卫工作的命令》，按照该命令和国务院办公厅[1982]70 号文件精神，由武警部队组建安全检查站，全面负责民航安全检查的任务。

归纳起来，该阶段的安全检查进一步完善了空防安全措施，建立了飞机监护制度，建立了安全检查、隔离区管理、飞机监护、旅客登机管理等较完善的机场管理体系，我国的安全检查工作进入新的阶段。

第四阶段：1992 年 4 月以后。伴随着改革开放的逐步推进，民航安全统一管理的需要日益突出。按照国务院办公厅[1991]70 号文件精神，自 1992 年 4 月 1 日起，民航机场国内国际航班的安全检查工作任务（含隔离区管理、飞机监护）由人民武装警察部队移交民航部门，由民航部门组建安全检查机构来负责民航安全检查工作。

概括起来，我国的安全检查工作在该阶段跨上了新台阶。其一，安全检查设施设备不断加强。在该阶段，安全技术检查进一步得到了完善，引进了一批性能较好的德国、意大利安检仪器；配备了"中控定时装置探测器"和防爆罐；对具备条件的机场交运检查进行了流程改造并安装了监控设备。其二，安全检查队伍素质和业务建设水平不断提高。随着民航运输量的不断增多,安全检查队伍也不断扩大,并依据需要对其进行半军事化管理;在业务建设方面,执行了安检人员岗位证书制度。统一制订了行业培训大纲,相应地,各地开展了系列化岗位培训和考核工作,大力提升了安检队伍的整体素质。其三,航空安全保卫法规体系日臻完善,安检队伍及其业务建设逐渐步入规范化和法制化的道路。在该阶段,我国颁布了一系列有关民航安全的法律、法规和规范性文件。例如,为了维护国家的领空主权和民用航空权利,保障民用航空活动安全和有秩序地进行,保护民用航空活动当事人各方的合法权益,促进民用航空事业的发展,1996 年 3 月 1 日实施了《中华人民共和国民用航空法》;为了防止对民用航空活动的非法干扰,维护民用航空秩序,保障民用航空安全,1996 年 7 月 6 日国务院令第 201 号发布了《中华人民共和国民用航空安全保卫条例》;为保障民用航空运输安全正常进行,规范民用航空安全检查工作,根据《中华人民共和国民用航空法》和《中华人民共和国民用航空安全保卫条例》等有关法律法规,1999 年 6 月 1 日起施行《中国民用航空安全检查规则》等。同时,针对安检人员的定员、定编和职业技能等级考核也出台了一系列措施。从而使得我国的安检工作有法可依、有章可循,使得安检工作有了统一的操作程序和标准,使得安检队伍向规范化、科学化迈出了坚定的步伐。

本章小结

(1)民航安全技术检查指的是在民用机场实施的为防止劫(炸)飞机和其他危害航空安全事件的发生,保障旅客、机组人员和飞机安全所采取的一种强制性的技术性检查。

(2)安全技术检查工作应当坚持安全第一,严格检查,规范执勤的原则。

(3)安全技术检查工作主要包括维序、验证检查、前传、人身检查、开箱(包)检查、X 射线机操作等岗位。

(4)民航安全技术检查部门的权限主要包括行政法规的执行权、检查权、拒绝登机权、候机隔离区监控权、航空器监护权等。

(5)安检职业道德规范的基本内容有:爱岗敬业,忠于职守;钻研业务,提高技能;遵纪守法,严格检查;文明执勤,优质服务;团结友爱,协作配合。

综合练习

思考题

1. 简述民航安全技术检查工作的性质。

2. 简述民航安全技术检查工作的原则。

3. 简述安检职业道德规范的基本内容。

4. 验证检查员、人身检查员、开箱(包)检查员的岗位职责是什么?

5. 民航安全技术检查部门的工作权限有哪些?

第二章

航空安全保卫法律、法规

本章学习目标

- 熟悉航空安全保卫的相关国际组织；
- 掌握航空安全保卫的相关国际公约；
- 熟悉《中华人民共和国民用航空法》的相关知识；
- 熟悉《中华人民共和国民用航空安全保卫条例》的相关知识；
- 掌握《中国民用航空安全检查规则》的相关知识；
- 熟悉民用航空危险品运输法律、法规的基本知识。

导引案例

女子携带剪刀登机且拒绝托运，致安检通道关闭

泸州蓝田机场 2017 年 4 月 18 日 14 时 48 分发布消息：因携带不符合登机要求的剪刀，且拒绝办理托运，一位乘客扰乱泸州机场公共秩序，造成机场安检通道关闭，泸州机场公安分局依法对该名旅客予以治安拘留。

据了解，2017 年 4 月 17 日上午，乘坐 MU5709 航班自泸州去往北京的刘女士随身携带一把长度约 10 厘米的全金属剪刀，在经过机场安检时，安检人员告知刘女士，根据《民航旅客禁止随身携带和托运物品目录》的有关规定，该剪刀不能随身携带，需要办理托运。刘女士不愿去办理托运，并称"今天必须要把剪刀带走，不然我也不走了"。机场安检人员一边与刘女士解释相关规定，一边请她退离安检通道，以免影响其他旅客出行。而刘女士拒不离开，经多次沟通无果，机场安检部门只得暂时关闭安检通道，并同时报告机场公安分局。公安民警到场后再次对刘女士说明了安检相关规定，并劝阻其不要扰乱安检现场正常秩序。刘女士情绪激动不听劝阻，仍滞留在安检通道内拒不离开，造成安检通道外旅客严重拥堵。为避免影响机场正常运行和其他旅客出行，公安民警依法将其带离安检现场。

经调查取证，刘女士的行为已构成扰乱机场的治安秩序，事实清楚，证据充分。泸州机场公安分局依据《中华人民共和国治安管理处罚法》第 23 条规定，对违法行为人刘女士处以拘留 5 日的治安处罚。

泸州机场提醒携带剪刀、水果刀等金属利器乘机时，请配合机场安全检查，保持冷静、文明出行，切勿一时"任性"，触犯法律法规。

资料来源：http://news.carnoc.com/list/399/399925.html

第一节　航空安全保卫的相关国际组织

一、国际民用航空组织——ICAO

国际民用航空组织（International Civil Aviation Organization，简称 ICAO），成立于

1947年，是联合国系统中负责处理国际民航事务的专门机构。总部设在加拿大蒙特利尔。其主要活动是研究国际民用航空问题，制定民用航空的国际标准和规章，鼓励使用安全措施、统一业务规章和简化国际边界手续等。

国际民航组织前身为根据1919年《巴黎公约》成立的空中航行国际委员会（ICAN）。由于第二次世界大战对航空器技术发展起到了巨大的推动作用，使得世界上已经形成了一个包括客货运输在内的航线网络，但随之也引起了一系列急需国际社会协商解决的政治上和技术上的问题。因此，在美国政府的邀请下，52个国家于1944年11月1日至12月7日参加了在芝加哥召开的国际会议，签订了《国际民用航空公约》（通称《芝加哥公约》）。按照公约规定成立了临时国际民航组织（PICAO）。1947年4月4日，《芝加哥公约》正式生效，国际民航组织也因之正式成立，并成为联合国的一个专门机构，简称国际民航组织，徽标如图2-1所示。

图 2-1 国际民航组织徽标

国际民航组织的宗旨和目的在于发展国际航行的原则和技术，并促进国际运输的规划与发展。为了贯彻其宗旨，国际民航组织制定并统一了国际民航技术标准和国际航行规则；协调世界各国国际航空运输的方针政策，推动多边航空协定的制定，简化联运手续，汇编各种民航业务统计，制定航路导航设施和机场设施服务收费的原则；研究与国际航空运输有关的国际航空公法和影响国际民航的司法问题；利用联合国开发计划署的技术援助资金，向发展中国家提供民航技术援助；组织联营公海上或主权未定地区的导航设施与服务。

国际民航组织由大会、理事会和秘书处三级框架组成。大会是国际民航组织的最高权力机构，由全体成员国组成。理事会是向大会负责的常设机构，由大会选出的33个缔约国组成。秘书处是国际民航组织的常设行政机构，由秘书长负责保证国际民航组织各项工作的顺利进行。秘书处下设航行局、航空运输局、法律局、技术合作局、行政局5个局。

我国是国际民航组织的创始成员国之一，南京国民政府于1944年签署了《国际民用航空公约》，并于1946年正式成为会员国。1971年国际民航组织通过决议承认中华人民共和国为中国唯一合法代表。1974年我国承认《国际民用航空公约》并参加国际民航组织的活动，同年我国当选为二类理事国。2004年在国际民航组织第35届大会上，我国当选为一类理事国。蒙特利尔设有中国常驻国际民航组织理事会代表处。

二、国际航空运输协会——IATA

国际航空运输协会的前身是国际航空业务协会。1945 年 4 月 16 日,在哈瓦那会议上修改并通过草案章程后,国际航空运输协会(International Air Transportation Association,简称 IATA)正式成立,简称国际航协,总部设在加拿大蒙特利尔。国际航协(徽标如图 2-2 所示)是全世界航空运输企业自愿联合组织的非政府性的国际组织。

图 2-2　国际航空运输协会徽标

国际航空运输协会的宗旨和目的:为世界人民的利益,促进安全、准时和经济的航空运输的发展,扶持航空商业并研究与之相关的问题;为直接或间接从事国际航空运输服务的各航空运输企业提供协作的途径;为开展与国际民航组织、其他国际组织和地区航空公司协会的合作提供便利。

国际航协组织机构由全体会议、执行委员会、专门委员会和分支机构组成。全体会议是国际航空运输协会的最高权力机构,在全体会议上,审议的问题只限于涉及国际航空运输协会本身的重大问题,如选举协会的主席和执行委员会委员、成立有关的委员会以及审议本组织的财政问题等。执行委员会是全会的代表机构,对外全权代表国际航空运输协会,执行委员会的职责包括管理协会的财产、设置分支机构、制定协会的政策等;执行委员会下设秘书长、专门委员会和内部办事机构,维持协会的日常工作。国际航空运输协会专门委员会分为运输、财务、法律和技术委员会,各委员会由专家、区域代表及其他人员组成并报执委会和大会批准。协会于 1945 年 4 月 16 日在古巴哈瓦那成立。协会总部设在加拿大的蒙特利尔,在蒙特利尔设有总办事处,在日内瓦设有清算所,在纽约、巴黎、新加坡、曼谷、内罗毕、北京等地设有办事处。

1993 年 8 月,中国国际航空公司、中国东方航空公司和中国南方航空公司正式加入了国际航空运输协会。此后,我国其他航空公司也相继加入了国际航空运输协会。

第二节　航空安全保卫的相关国际公约

国际公约(International Convention)是指国际上有关政治、经济、文化、技术等方面的多边条约。为阻止威胁、破坏国际民用航空安全与运行,以及非法劫持航空器的行为的发生,先后制定了多个国际公约,如东京公约、海牙公约、蒙特利尔公约及蒙特利尔公约的补充协定书等。这些公约作为直接解决航空保安问题的国际文件已经被各国采纳并接受。1991年蒙特利尔召开的外交会议通过了注标塑性炸药以便探测的公约。

一、《国际民用航空公约》附件 17

《国际民用航空公约》(The International Civil Aviation Corenant)是在美国芝加哥签订的,故又被称为《芝加哥公约》。该公约是国际民航界公认的"宪章",是现行航空法的基本文件,也是迄今为止最重要的有关国际航空的国际公约。它规定了民用航空的范围、实行措施和国际民航组织等基本内容。自芝加哥公约签署 50 周年的 1994 年起,国际民航组织将每年的 12 月 7 日定为"国际民航日"。国际民航组织通过制定公约附件对民航领域的各个方面形成具有约束力的技术文件。公约附件的正式名称是"国际标准和建议措施"。目前已制定了 18 个附件。

20 世纪 60 年代末期,暴力犯罪的急剧增加严重地影响到民用航空的安全。1970 年 6 月,召开了国际民航组织大会特别会议,要求在《芝加哥公约》现有或新的附件中,特别为处理非法干扰问题制定规定,尤其是对航空器的非法劫持。1974 年 3 月 22 日,国际民航组织理事会通过了有关保安的标准和建议措施,并被指定为附件 17,即《航空保安——保护国际民用航空免遭非法干扰行为》。该附件为国际民航组织民用航空保安方案以及为寻求防止对民用航空及其设施进行非法干扰行为奠定了基础。国际民航组织在世界范围为防止和打击对民用航空的非法干扰行为所采取的措施,对民用航空以及广泛的国际社会的未来都是至关重要的。

附件 17 主要涉及管理与协调方面以及保护国际航空运输安全的技术措施,要求各缔约国建立自己的民用航空保安方案,包括其他适当机构提出的附加保安措施。

附件 17 规定:在防止对国际民用航空非法干扰行为的一切有关事务中,确保旅客、机组人员、地面人员以及普通大众的安全是各缔约国的首要目的。

附件 17 提出的建议和措施,对我国机场、航空公司的保安工作和安全检查有着重要的指导意义。各机场当局和航空公司应根据其标准和建议及我国政府有关航空安全的法规、指令、规章,制定适合本机场和公司的航空安全保卫规划。

二、《东京公约》

1947 年至 1957 年国际上发生劫机事件 23 起。进入 20 世纪 60 年代后,劫机次数逐渐增加,1960 年,仅发生在古巴和美国之间的劫机事件就有 23 起。同时,在飞机上犯罪的其他案件也不断出现。鉴于这种情况,国际民航组织于 1963 年 9 月在东京召开国际航空法会议。60 个国家参加签订了《东京公约》,即"关于在航空器上犯罪和某些其他行为的公约"。该公约规定航空器登记国有权对在机上的犯罪和犯罪行为行使管辖权。其主要目的是确立机长对航空器内犯罪的管辖权。

（一）《东京公约》关于对机长处置权限的规定

《东京公约》规定了机长有权对在航空器上的"犯罪"者采取措施，包括必要的强制性措施；机长有命令"犯罪"者在任何降落地下机的权利；对航空器上发生的严重犯罪，机长有将案犯送交降落地国合法当局的权利。

知识链接 2-1

维护飞行安全，机长权力必须得到尊重和保障

2011 年 6 月 9 日，3 名乘客登机后临时更换座位，与机组人员发生争执，机长以"飞行安全"为由拒绝其乘机并请警察将乘客带离。此后这件事经由一旅客微博爆出后，被很多媒体加以转载和评论，引发了人们极大的关注，也引发了民航业内人士和非民航人士的数场口水战。

简单地看，这似乎只是旅客和机长的小纠纷，但是透过问题看实质我们起码可以看出该旅客在被带离飞机前有 3 点不足之处：第一，违反了合同法。该旅客购买的是普通经济舱的票，却要坐到高端经济舱，这本身违反了契约原则，同时也损害了航空公司的经济利益。第二，擅自更换座位，破坏了飞机配载平衡，影响飞行安全。而配载平衡是指航空公司要根据飞机前舱和后舱乘客的多少，来测算托运行李的摆放位置，并综合考虑飞机起飞时的风向和推力等因素，以保持飞机的重心和平稳。第三，强占工作人员座位，影响了空防安全。其实这 3 点无论哪条放在平时都可能成为被拒绝登机的理由，而在平时的工作中机长是不直接面对旅客的，所以此事发生我们不应该忘掉一个细节，机长的出现是在空警、乘务长先行对该旅客进行劝阻无效的时候，所以在此事中，机长只是起到了整个机组最后安全防线的作用。

早在 1963 年的东京公约，为了更好地打击犯罪和恐怖主义，便赋予机长重要的治安权力，而这种权力是在其他交通工具上所没有的。机长的治安权力中有重要的一点就是"使某人下机权"，也就是说机长如果有正当的理由认为某人在航空器内可能或确已存在公约规定的"行为"，不论此种行为是否构成犯罪。为保护航空器或者所载人员或财产的安全，维持航空器内的正常秩序和纪律，可在航空器降落的任何国家领土上，令其下机。所以，就此事而言机长只是行使了自己最基本的权力。

2010 年 4 月 10 日，波兰总统专机在俄境内坠毁，举世震惊，波兰总统专机要降落在斯摩棱斯克州军用机场前，空中交管员建议飞机转向明斯克，在他们之前另一架民航客机照此处置而平安无事。然而出人意料的是，总统专机的机长拒绝了机场的建议，连续 4 次强行降落。事后就有专家指出总统专机的机长的决断和权力受到了强大的外界干扰，可能是酿成悲剧的主因。

众所周知，飞行是一个专业性极强的专业，而作为机长的要求则更高。民航业内的人都知道，不是每一个上航校的人都能够成为飞行员，也不是每个副驾驶都能够成为机长。能够成为机长，一定是经过高淘汰的选拔，一定是出类拔萃的先天素质和刻苦的后天训练的结

果,能够成为机长也说明他一定是技术更优良、心理素质更高、决断能力更强的人。这是因为,机长在飞机发生事故或面临危险等紧急情况下,要立即采取果断措施以保护人民的生命以及财产安全。所以机长作为最了解飞行情况和飞机状况的最高管理者,是飞机上最具权威的专业人员,因此赋予机长自主的和最终的决策指挥权是科学的、合理的。因此对机长的权力行使,可以探讨,但是不应该被削弱或者被干扰,甚至被否定,而是应该以法律的形式更加细化和强化。

民航作为一个专业程度极高的行业,很多关于安全的规定是从"防范避免"和"以防万一"的角度出发的,这同时也是民航的规定很难被外界理解的地方。但是,这些安全规定不可因此松动和改变,而是可以据此加强民航基础知识的宣传,加强和广大旅客的互动和沟通,获取更多的理解和支持。

资料来源:http://news.carnoc.com/list/193/193394.html

(二)《东京公约》的主要内容

(1) 规定了航空器登记国有权管辖飞机上的"犯罪"行为。也规定了非登记国有权管辖飞机上的"犯罪"行为的几种情况。

(2) 规定了机长有权对"犯罪"者采取措施,包括强制性措施,并在为保护飞机上生命财产安全的情况下,命令"犯罪"者在飞机降落地离开飞机,或将"犯罪"者交给当地合法当局。

(3) 规定了接受"犯罪"者的国家当局可以根据案情,将"犯罪"者留在国境内以便进行审讯或引渡,并通知各有关国家。

(4) 规定了各国应采取一切措施,使被劫飞机恢复由其合法机长控制,被劫持的飞机降落地的国家应允许旅客和机组尽快继续飞行。

三、《海牙公约》

《海牙公约》即"关于制止非法劫持航空器的公约"。该公约于1971年10月4日生效。《东京公约》制定后,劫机事件不但没减少,反而接连发生。20世纪60年代后期,多种原因使劫机事件呈直线上升趋势。从1968年的35起,到1969年的87起和1970年的82起(平均每4天发生一起),劫机得逞率81.5%。由于劫机事件日益增多,引起国际社会的高度重视和普遍关注。在此情况下,国际民航组织于1970年12月在荷兰海牙召开国际航空法外交会议,讨论有关劫持飞机问题,有76个国家参加,签订了《海牙公约》。该公约规定了各缔约国对犯罪行为实施管辖权及拘留、起诉或引渡罪犯的详细规定。

《海牙公约》关于劫机犯罪行为的界定为用武力、武力威胁、精神胁迫方式,非法劫持或控制航空器(包括未遂)即构成刑事犯罪。

《海牙公约》的主要内容:严厉惩罚飞机劫持者;缔约国对劫机行为的管辖范围;缔约国承担义务,将劫机情况通知有关国家,并将处理情况报告国际民航组织。

四、《蒙特利尔公约》

1971年《蒙特利尔公约》,全称为《制止危害民用航空安全的非法行为的公约》于1971年9月23日在蒙特利尔签署,1973年1月26日生效。

《海牙公约》惩治的犯罪主要针对非法劫持或控制正在飞行中的航空器,但是,危害国际航空安全的犯罪无处不在,世界各地还经常发生直接破坏航空器的犯罪,甚至发生破坏机场地面上正在使用中的航空器及其航行设施等犯罪。基于犯罪行为的多样性,《海牙公约》显然不足以维护国际民用航空运输的安全。1970年2月初,正当国际民航组织法律委员会举行第17次会议讨论草拟海牙公约时,在2月21日的同一天里,连续发生了两起在飞机上秘密放置炸弹引起空中爆炸的事件,震撼了整个国际社会。于是,国际民航组织准备起草一个非法干扰国际民用航空(非法劫机之外)的公约草案,即后来的1971年《蒙特利尔公约》草约。

1971年《蒙特利尔公约》的目的是为了通过国际合作,惩治从地面破坏航空运输安全的犯罪行为,使之成为《海牙公约》的姊妹篇。公约在第一条详细而具体地规定了犯罪的行为方式,弥补了《东京公约》和《海牙公约》的不足。

《蒙特利尔公约》的主要内容:缔约各国对袭击民航飞机、乘客及机组人员,爆炸民航飞机或民航设施等危及飞行安全的人,要给予严厉的惩罚,其规定基本与《海牙公约》相似。

《蒙特利尔公约》关于危害航空安全犯罪的界定,凡非法故意实施下列行为之一者,均为犯罪:对飞行中的航空器上的人实施暴力行为,具有危害该航空器安全的性质;毁坏使用中的航空器,或者致使航空器损坏,使其无法飞行或危害其飞行安全;在使用中的航空器上放置或指使别人放置某种装置或物质,该装置或物质足以毁灭该航空器或者对航空器造成毁坏使其无法飞行,或足以危害其飞行安全;毁坏或损坏航行设施或扰乱其工作,有危害飞行中的航空器安全的性质;传送明知虚假的情报,由此危害飞行中航空器的安全;上述各行为的未遂犯及共犯(包括未遂共犯)。

五、《蒙特利尔公约》的补充协定书

1988年,在蒙特利尔召开的外交会议通过了"《蒙特利尔公约》的补充协定书"。该协定书扩大了1971年公约对"犯罪"的定义,包括了在国际民用航空机场发生的一些具体的爆炸行为,如果这类行为危及或可能危及这类机场的话,各缔约国承允对犯罪者给予严厉的惩罚。该协定书还载有关于管辖权的条款。

六、《关于注标塑性炸药以便探测的公约》

《关于注标塑性炸药以便探测的公约》于1991年3月1日签署。旨在通过责任方采取适当的方法确保这类塑性炸药的注标能够便于其探测,有助于防止与塑性炸药的使用有关的非法行为。各机构被强制采取必要和有效的措施,禁止和防止在其领土上制造未注标的塑性炸药;同样禁止和防止未注标的塑性炸药流入或流出其领土。

第三节　《中华人民共和国民用航空法》的相关知识

《中华人民共和国民用航空法》是 1995 年 10 月 30 日第八届全国人民代表大会常务委员会第十六次会议通过,1995 年 10 月 30 日由中华人民共和国主席令第五十六号公布。自 1996 年 3 月 1 日起施行。《中华人民共和国民用航空法》共有十六章节,二百一十四条款。

一、《中华人民共和国民用航空法》关于安全技术检查的规定

关于公共航空运输企业及旅客的规定如下:

第一百条　公共航空运输企业不得运输法律、行政法规规定的禁运物品。

公共航空运输企业未经国务院民用航空主管部门批准,不得运输作战军火、作战物资。

禁止旅客随身携带法律、行政法规规定的禁运物品乘坐民用航空器。

第一百○一条　公共航空运输企业运输危险品,应当遵守国家有关规定。

禁止以非危险品品名托运危险品。

禁止旅客随身携带危险品乘坐民用航空器。除因执行公务并按照国家规定经过批准外,禁止旅客携带枪支、管制刀具乘坐民用航空器。禁止违反国务院民用航空主管部门的规定将危险品作为行李托运。

危险品品名由国务院民用航空主管部门规定并公布。

第一百○二条　公共航空运输企业不得运输拒绝接受安全技术检查的旅客,不得违反国家规定运输未经安全技术检查的行李。

公共航空运输企业必须按照国务院民用航空主管部门的规定,对承运的货物进行安全技术检查或者采取其他保证安全的措施。

第一百○三条　公共航空运输企业从事国际航空运输的民用航空器及其所载人员、行李、货物应当接受边防、海关、检疫等主管部门的检查;但是,检查时应当避免不必要的延误。

二、《中华人民共和国民用航空法》关于对隐匿携带枪支、弹药、管制刀具乘坐航空器的处罚规定

第一百九十三条　违反本法规定,隐匿携带炸药、雷管或者其他危险品乘坐民用航空器,或者以非危险品品名托运危险品,尚未造成严重后果的,比照刑法第一百六十三条的

规定追究刑事责任;造成严重后果的,比照刑法第一百一十条的规定追究刑事责任。隐匿携带枪支子弹、管制刀具乘坐民用航空器的,比照刑法第一百六十三条的规定追究刑事责任。

知识链接 2-2

民航法改动 78 个法律条文,搭飞机玩手机可罚 5 万

中国民航局 2016 年 8 月 8 日公布了《中华人民共和国民用航空法》(以下简称民航法)修订征求意见稿(以下简称征求意见稿)。征求意见稿规定,严禁在航空器内使用手机或者其他禁止使用的电子设备,吸烟,强占座位、行李架,堵塞、强占值机柜台、安检通道及登机口等行为。

民航法于 1996 年 3 月 1 日起施行。此次该法修订主要围绕完善民航业发展机制、加强航空安全管理、放松经济性管制、保护消费者权益、促进通用航空发展、运输凭证现代化、修改运输责任制度等方面,对 78 个法律条文进行了修订或删除,新增 24 条。

突出强化航空安全

限于民航法制定时的客观环境,现行民航法有些重要的安全管理内容未做规定。为此,征求意见稿增加了安全发展的一般原则,明确安全生产各环节的主体责任,规定从事民用航空活动的单位应当建立健全安全生产管理制度,落实安全生产主体责任,防止和减少民用航空安全事故的发生。

征求意见稿明确适航指令的法律地位,规定航空器尚未取得适航证书,从事试验等飞行的,应当持有国务院民用航空主管部门颁发的特许飞行证书。

征求意见稿增加了完善机场净空保护制度的规定,如县级以上地方人民政府审批机场净空保护区域的建设项目,应当书面征求机场所在地地区民用航空管理机构的意见。

在依法划定的民用机场范围内和按照国家规定划定的机场净空保护区域内,禁止从事饲养、放飞影响飞行安全的鸟类动物以及升放无人驾驶的自由气球、系留气球和其他物体;禁止焚烧产生大量烟雾的农作物秸秆、垃圾等物质,或者燃放烟花、焰火等活动。

征求意见稿强化公共航空运输企业航空器有效追踪能力建设,规定公共航空运输企业应当加强航空器追踪能力建设,保持对所使用的民用航空器进行有效追踪。

在明确危险品运输许可的同时,征求意见稿对相关义务主体提出了要求,规定公共航空运输企业从事危险品运输,应当取得危险品航空运输许可。禁止违反规定在普通货物中夹带危险品或者将危险品匿报、谎报为普通货物进行托运。

强调安全保卫要求

民用航空安全保卫工作关乎公众利益,是民用航空活动正常秩序的重要保障。征求意见稿专门增加了民用航空安全保卫一章,共 10 条,明确了安全保卫工作原则、机构职责、安全检查、安全保卫方案、非法干扰行为等原则性内容。征求意见稿规定,空中警察依据法律、行政法规和国家有关规定履行职责,制止航空器内威胁民用航空飞行安全和秩序的行为,保护民用航空器及其所载人员和财产的安全。安检机构及其人员依法有权对旅客、行李、货物

和邮件进行安全检查。

征求意见稿明确了14种危及民用航空安全和秩序的非法干扰行为:除了在航空器内禁止使用手机、吸烟、抢占座位或值机柜台外,还包括劫持飞行中或者地面上的航空器,在航空器上或机场扣留人质;强行闯入航空器、机场或者航空设施场所,冲闯航空器驾驶舱,强行拦截航空器;非法将武器、危险装置或者材料带入航空器、机场或者空中交通管制单位;谎报险情、制造混乱、散布诸如危害飞行中或地面上的航空器、机场或民航设施场所内的旅客、机组、地面人员或者公众安全的虚假信息;盗窃、故意损坏、擅自移动航空器设备以及机场内其他航空设施设备,强行打开飞行中航空器应急舱门等。

实施上述危及民用航空安全、秩序的非法干扰行为,尚不够刑事处罚,或者依照《中华人民共和国治安管理处罚法》无法处罚的,适用《中华人民共和国治安管理处罚法》的有关规定进行处罚,情节特别严重的,罚款金额可以增加到五万元以内。

突出消费者权益保护

在现行民航法维护旅客、托运人作为航空消费者权益的基础上,进一步加强保护措施,切实保护消费者。具体包括:征求意见稿增加了对于残疾人乘机的保护,规定公共航空运输企业应当根据实际情况对残疾人搭乘航班提供便利,民用航空器应当逐步达到无障碍设施的要求。

进一步明确航班延误处置的原则性要求。征求意见稿规定,公共航空运输企业应当以保证飞行安全和航班正常,提供良好服务为准则,采取有效措施,提高运输服务质量。旅客运输航班延误的,公共航空运输企业应当做好旅客信息通告和相应的服务工作。

征求意见稿还增加提供充分保险的要求,鼓励通用航空企业投保机上人员险,规定了航空器事故先行支付制度,进一步强化受害人保护。

资料来源:http://news.carnoc.com/list/360/360015.html

知识链接 2-3

《中华人民共和国刑法》与民用航空安全保卫有关的条款

第一百一十六条 破坏火车、汽车、电车、船只、航空器,足以使火车、汽车、电车、船只、航空器发生倾覆、毁坏危险,尚未造成严重后果的,处三年以上十年以下有期徒刑。

第一百一十七条 破坏轨道、桥梁、隧道、公路、机场、航道、灯塔、标志或者进行其他破坏活动,足以使火车、汽车、电车、船只、航空器发生倾覆、毁坏危险,尚未造成严重后果的,处三年以上十年以下有期徒刑。

第一百二十一条 以暴力、胁迫或者其他方法劫持航空器的,处十年以上有期徒刑或者无期徒刑;致人重伤、死亡或者使航空器遭受严重破坏的,处死刑。

第一百二十三条 对飞行中的航空器上的人员使用暴力,危及飞行安全,尚未造成严重后果的,处五年以下有期徒刑或者拘役;造成严重后果的,处五年以上有期徒刑。

第一百二十五条 非法制造、买卖、运输、邮寄、储存枪支、弹药、爆炸物的,处三年以上十年以下有期徒刑;情节严重的,处十年以上有期徒刑、无期徒刑或者死刑。

第一百三十条　非法携带枪支、弹药、管制刀具或者爆炸性、易燃性、放射性、毒害性、腐蚀性物品,进入公共场所或者公共交通工具,危及公共安全,情节严重的,处三年以下有期徒刑、拘役或者管制。

第四节　《中华人民共和国民用航空安全保卫条例》的相关知识

《中华人民共和国民用航空安全保卫条例》是为了防止对民用航空活动的非法干扰,维护民用航空秩序,保障民用航空安全而制定的条例。于 1996 年 7 月 6 日由中华人民共和国国务院令第 201 号发布,共 6 章 40 条款。

一、对乘机旅客行李检查的规定

第二十六条　乘坐民用航空器的旅客和其他人员及其携带的行李物品,必须接受安全检查;但是,国务院规定免检的除外。

拒绝接受安全检查的,不准登机,损失自行承担。

二、对乘机旅客证件检查和人身检查的规定

第二十七条　安全检查人员应当查验旅客客票、身份证件和登机牌,使用仪器或者手工对旅客及其行李物品进行安全检查,必要时可以从严检查。

已经安全检查的旅客应当在候机隔离区等待登机。

三、关于严禁旅客携带违禁物品的规定

第三十二条　除国务院另有规定的外,乘坐民用航空器的,禁止随身携带或者交运下列物品:

(1) 枪支、弹药、军械、警械。

(2) 管制刀具。

(3) 易燃、易爆、有毒、腐蚀性、放射性物品。

(4) 国家规定的其他禁运物品。

四、对进入候机隔离区工作人员安全检查的规定

第二十八条　进入候机隔离区的工作人员（包括机组人员）及其携带的物品，应当接受安全检查。

接送旅客的人员和其他人员不得进入候机隔离区。

五、关于货物检查的规定

第三十条　空运的货物必须经过安全检查或者对其采取其他安全措施。

货物托运人不得伪报品名托运或者在货物中夹带危险物品。

六、关于邮件检查的规定

第二十九条　外交邮袋免予安全检查。外交信使及其随身携带的其他物品应当接受安全检查；但是，中华人民共和国缔结或者参加的国际条约另有规定的除外。

第三十一条　航空邮件必须经过安全检查。发现可疑邮件时，安全检查部门应当会同邮政部门开包查验处理。

七、关于在航空器活动区和维修区内人员、车辆的规定

第十四条　在航空器活动区和维修区内的人员、车辆必须按照规定路线行进，车辆、设备必须在指定位置停放，一切人员、车辆必须避让航空器。

八、关于机场控制区的划分

第三十九条　本条例下列用语的含义：

"机场控制区"，是指根据安全需要在机场内划定的进出受到限制的区域。

"候机隔离区"，是指根据安全需要在候机楼（室）内划定的供已经安全检查的出港旅客等待登机的区域及登机通道、摆渡车。

"航空器活动区"，是指机场内用于航空器起飞、着陆以及与此有关的地面活动区域，包括跑道、滑行道、联络道、客机坪。

案例链接 2-1

旅客擅闯西宁机场控制区扰乱秩序，被行拘5日

为维护机场治安秩序稳定，民航青海机场公安局依法查处一起旅客扰乱公共场所秩序

违法行为。

2016年6月25日20时15分许,违法行为人万某乘坐由北京飞往西宁的CZ6269次航班到达西宁。20时30分许,万某从西宁曹家堡机场到达厅控制区走出,行至停车场后发现随身携带行李遗忘在到达厅行李转盘处的手推车上,随即又从停车场返回到达厅。20时35分许,万某擅自闯入到达厅控制区寻找行李,机场安检人员多次劝阻,但万某不听劝阻并和安检人员发生争执,机场安检人员随即报警。

民航青海机场公安局3名执勤民警立即到达现场,按照《中华人民共和国民用航空安全保卫条例》有关规定,对万某进行劝阻,要求万某退出控制区,并告知其行李由机场工作人员帮助找回。但万某既不听取劝阻也不退出控制区,继续在控制区内大吵大闹,不配合现场执勤民警执行公务。执勤民警多次劝阻无效后,于20时49分许将万某强制带离现场进行调查。

调查期间,执勤民警对其进行了耐心教育和政策说明,并请万某在场朋友劝其配合民警工作、接受调查。但万某仍拒不配合,拒绝回答民警询问。经民航青海机场公安局对其同行2人和机场工作人员等目击证人进行调查取证,根据现场收集到的相关证据,万某的行为构成扰乱公共场所秩序,事实清楚,证据确凿。根据《中华人民共和国治安管理处罚法》第二十三条第一款第二项的规定,民航青海机场公安局对万某处以行政拘留5日的处罚。

资料来源:http://news.carnoc.com/list/350/350757.html

九、处罚机关

违反《民用航空安全保卫条例》的处罚机关是民航公安机关。

第五节 《中国民用航空安全检查规则》的相关知识

《中国民用航空安全检查规则》是民用航空安全工作的规范性文件,于1999年5月14日发布,1999年6月1日生效,简称《85号令》。当前所用版本是2016年8月31日经第19次部务会议通过的《中国民用航空安全检查规则》(CCAR-339-R1),自2017年1月1日起施行。1999年6月1日起施行的《中国民用航空安全检查规则》(民航总局令第85号)同时废止。

《中国民用航空安全检查规则》包括第一章总则、第二章民航安检机构、第三章民航安全检查员、第四章民航安检设备、第五章民航安检工作实施、第六章民航安检工作特殊情况处置、第七章监督检查、第八章法律责任、第九章附则共9章92条款。其中,《中国民用航空安全检查规则》总则的主要内容如下:

第一条 为了规范民用航空安全检查工作,防止对民用航空活动的非法干扰,维护民用航空运输安全,依据《中华人民共和国民用航空法》《中华人民共和国民用航空安全保卫条例》等有关法律、行政法规,制定本规则。

第二条　本规则适用于在中华人民共和国境内的民用运输机场进行的民用航空安全检查工作。

第三条　民用航空安全检查机构(以下简称"民航安检机构")按照有关法律、行政法规和本规则,通过实施民用航空安全检查工作(以下简称"民航安检工作"),防止未经允许的危及民用航空安全的危险品、违禁品进入民用运输机场控制区。

第四条　进入民用运输机场控制区的旅客及其行李物品,航空货物、航空邮件应当接受安全检查。拒绝接受安全检查的,不得进入民用运输机场控制区。国务院规定免检的除外。

旅客、航空货物托运人、航空货运销售代理人、航空邮件托运人应当配合民航安检机构开展工作。

第五条　中国民用航空局、中国民用航空地区管理局(以下统称"民航行政机关")对民航安检工作进行指导、检查和监督。

第六条　民航安检工作坚持安全第一、严格检查、规范执勤的原则。

第七条　承运人按照相关规定交纳安检费用,费用标准按照有关规定执行。

第六节　民用航空危险品运输法律、法规基本知识

《中国民用航空危险品运输管理规定》(CCAR－276)由中国民用航空总局于2004年7月12日发布,2004年9月1日实施。该规定将《国际民用航空公约》附件18和《危险品航空安全运输技术细则》的要求写在规章中,对在中华人民共和国境内运行的载运危险品的国内和国外航空器进行管理。

一、国际法规

(一)《危险货物运输建议书》

联合国专家委员会(UNCOE)制定了除放射性物质以外的所有类型危险品航空运输的建议程序。

(二)《安全运输放射性物质规则》

国际原子能机构(IAEA)制定了安全运输放射性物质的建议程序。

(三)《国际民用航空公约》附件18和《危险品航空安全运输技术细则》

国际民航组织(ICAO)在联合国和国际原子能机构两个建议的基础上制定了附件18《危险品的安全航空运输》及具体规则《危险品航空安全运输技术细则》(DOC9284,简称TI)。

TI 每两年更新一次,是国际法规以及国家法规的基础。

(四)《与危险品有关的航空器事故征候应急响应指南》

国际民航组织(ICAO)制定,为机组人员提供了危险品处理信息的应急指导程序。

(五)《危险品规则》

《危险品规则》是国际航协(IATA)的出版物,它基于运营和行业标准实践方面的考虑,增加了比 ICAO《技术细则》更具约束力的规定要求,《危险品规则》简称 DGR。这是行业普遍使用的手册,每年更新一次。

二、《中国民用航空危险品运输管理规定》(CCAR－276)

CCAR－276 的基本原则:航空公司承运危险品必须取得民航局颁发的危险品运输许可。无论是否运输商业危险品,航空公司都应编写《危险品手册》和《危险品训练大纲》,建立危险品操作程序(包括隐含危险品的识别程序),对员工进行培训。托运人有对货物进行正确申报和包装的责任。运营人有对货物检查的责任。

本章小结

(1)《国际民用航空公约》附件 17 规定:在防止对国际民用航空非法干扰行为的一切有关事务中,确保旅客、机组人员、地面人员以及普通大众的安全是各缔约国的首要目的。

(2)《东京公约》,即"关于在航空器上犯罪和某些其他行为的公约"。该公约规定航空器登记国有权对在机上的犯罪和犯罪行为行使管辖权。其主要目的是确立机长对航空器内犯罪的管辖权。

(3)《海牙公约》关于劫机犯罪行为的界定为,用武力、武力威胁、精神胁迫方式,非法劫持或控制航空器(包括未遂)即构成刑事犯罪。

(4)1971 年《蒙特利尔公约》,全称为《制止危害民用航空安全的非法行为的公约》,目的是惩治从地面破坏航空运输安全的犯罪行为。

(5)《中华人民共和国民用航空安全保卫条例》是为了防止对民用航空活动的非法干扰,维护民用航空秩序,保障民用航空安全而制定的条例。

(6)《中国民用航空安全检查规则》是民用航空安全工作的规范性文件。

综合练习

思考题

1.国际民航组织的宗旨是什么?

2.《东京公约》对机长的权利做出了什么规定?

3.《中华人民共和国民用航空法》关于安全技术检查的规定有哪些条款?

4.《中华人民共和国民用航空安全保卫条例》关于机场控制区的划分是如何规定的?

第三章

物品检查知识

本章学习目标

● 掌握禁止旅客随身携带或者托运的物品；
● 掌握禁止旅客随身携带但可以作为行李托运的物品；
● 掌握爆炸物处置的基本程序。

 **导引案例**

女性乘客携带警用催泪喷射器托运被查

2017年3月3日5点15分，在厦门机场T4航站楼出发层值机柜台处，一位长相姣好的女性旅客，准备乘坐SC4763航班前往桂林，当行李过机时，在判图室的小何发现其箱包内有疑似警用催泪喷射器的物品，遂判别开检。经检查，该物品为疑似警用催泪喷射器，是带有刺激性物品。出门在外，越来越多的女性旅客为求安全，会特意准备该物品拿来防身之用。怎料在过安检托运时被查出，不但不能携带，还给自己添加了不少的麻烦。随后该旅客便被移交公安机关审查处理。

警用催泪喷射器的原料是辣椒水之类的对人有很强刺激性的液体，具有较强的攻击性，可对人的眼睛、鼻子、呼吸道以及皮肤等造成强烈刺激，引起大量流泪，根本无法睁开眼睛，能使人暂时丧失视力，上呼吸道强烈咳嗽，喷嚏不止，浑身难受，甚至失去反抗能力，严重可导致死亡。

资料来源：http://news.carnoc.com/list/395/395011.html

第一节　禁止旅客随身携带或者托运的物品

《中国民用航空安全检查规则》附件一（《禁止旅客携带或者托运的物品》）如下，共九大类。

一、枪支、军用或警用械具类（含主要零部件）物品

枪支、军用或警用械具类物品主要包括以下内容。
（1）军用枪、公务用枪：包括手枪（如图3-1所示）、步枪、冲锋枪、机枪、防暴枪等。
（2）民用枪：包括气枪、猎枪、运动枪、麻醉注射枪、发令枪等。
（3）其他枪支：包括样品枪、道具枪等。
（4）军械、警械：包括警棍、军用或警用匕首，刺刀等。
（5）国家禁止的枪支、械具：包括钢珠枪、催泪枪、电击枪、电击器、防卫器等。
上述物品的仿制品也处于禁止之列。

图 3-1 手枪

知识链接 3-1

《仿真枪认定标准》

公安部《仿真枪认定标准》(公通字[2008]8 号),这个标准是根据《中华人民共和国枪支管理法》和《枪支致伤力的法庭科学鉴定判据》《公安机关涉案枪支弹药性能鉴定工作规定》(公通字[2001]68 号)以及《国家玩具安全技术规范》的有关规定制定的。

(一)仿真枪认定标准

根据《仿真枪认定标准》,凡符合以下条件之一的,可以认定为仿真枪:

(1)符合《中华人民共和国枪支管理法》规定的枪支构成要件,所发射金属弹丸或其他物质的枪口比动能小于 1.8 焦耳/平方厘米(不含本数)、大于 0.16 焦耳/平方厘米(不含本数)的。

(2)具备枪支外形特征,并且具有与制式枪支材质和功能相似的枪管、枪机、机匣或者击发等机构之一的。

(3)外形、颜色与制式枪支相同或者近似,并且外形长度尺寸介于相应制式枪支全枪长度尺寸的二分之一与一倍之间的。

(二)枪口比动能计算

枪口比动能的计算,按照《枪支致伤力的法庭科学鉴定判据》规定的计算方法执行。

(三)术语解释

(1)制式枪支:国内制造的制式枪支是指已完成定型试验,并且经军队或国家有关主管部门批准投入装备、使用(含外贸出口)的各类枪支。国外制造的制式枪支是指制造商已完成定型试验,且装备、使用或投入市场销售的各类枪支。

(2)全枪长:是指从枪管口部至枪托或枪击框(适用于无枪托的枪支)底部的长度。

二、爆炸物品类

(1)**弹药类:**包括炸弹、手榴弹、照明弹、燃烧弹、烟幕弹、信号弹、催泪弹、毒气弹和子弹(空包弹、战斗弹、检验弹、教练弹)(如图 3-2 所示)等。

图 3-2　子弹

（2）爆破器材：包括炸药、雷管、导火索、导爆索、非电导爆系统、爆破剂等。

（3）烟火制品：包括礼花弹、烟花、爆竹等。

（4）上述物品的仿制品。

三、管制刀具

管制刀具包括匕首、三棱刀（包括机械加工用的三棱刮刀）、带有自锁装置的刀具和形似匕首但长度超过匕首的单刃刀、双刃刀以及其他类似的单刃、双刃、三棱尖刀等。

知识链接 3-2

《管制刀具认定标准》

公安部关于印发《管制刀具认定标准》的通知〔公通字（2007）2 号〕

（一）凡符合下列标准之一的，可以认定为管制刀具：

（1）匕首：带有刀柄、刀格和血槽，刀尖角度小于 60 度的单刃、双刃或多刃尖刀，如图 3-3 所示。

图 3-3　匕首

（2）三棱刮刀：具有 3 个刀刃的机械加工用刀具，如图 3-4 所示。

图 3-4　三棱刮刀

（3）带有自锁装置的弹簧刀（跳刀）：刀身展开或弹出后，可被刀柄内的弹簧或卡锁固定自锁的折叠刀具，如图 3-5 所示。

图 3-5　弹簧刀

（4）其他相类似的单刃、双刃、三棱尖刀：刀尖角度小于 60 度,刀身长度超过 150 毫米的各类单刃、双刃和多刃刀具,如图 3-6 所示。

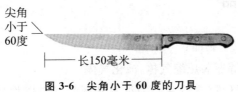

图 3-6 尖角小于 60 度的刀具

(5) 其他刀尖角度大于 60 度,刀身长度超过 220 毫米的各类单刃、双刃和多刃刀具,如图 3-7 所示。

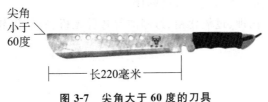

图 3-7 尖角大于 60 度的刀具

(二) 未开刀刃且刀尖倒角半径 R 大于 2.5 毫米的各类武术、工艺、礼品等刀具不属于管制刀具范畴。

(三) 少数民族使用的藏刀、腰刀、靴刀、马刀等刀具的管制范围认定标准,由少数民族自治区(自治州、自治县)人民政府公安机关参照本标准制定。

(四) 术语说明,各部分如图 3-8 所示。

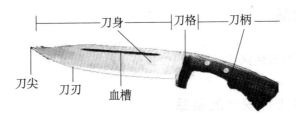

图 3-8 刀具各部位说明

(1) 刀柄:是指刀上被用来握持的部分。

(2) 刀格(挡手):是指刀上用来隔离刀柄与刀身的部分。

(3) 刀身:是指刀上用来完成切、削、刺等功能的部分。

(4) 血槽:是指刀身上的专用刻槽。

(5) 刀尖角度:是指刀刃与刀背(或另一侧刀刃)上距离刀尖顶点 10 毫米的点与刀尖顶点形成的角度。

(6) 刀刃(刃口):是指刀身上用来切、削、砍的一边,一般情况下刃口厚度小于 0.5 毫米。

(7) 刀尖倒角:是指刀尖部所具有的圆弧度。

四、易燃、易爆物品

易燃、易爆物品包括以下物品：

(1) 氢气、氧气、丁烷等瓶装压缩气体、液化气体。

(2) 黄磷、白磷、硝化纤维(含胶片)、油纸及其制品等自燃物品；金属钾、钠、锂、碳化钙(电石)、镁铝粉等遇水燃烧物品。

(3) 汽油、煤油、柴油、苯、乙醇(酒精)、油漆、稀料、松香油等易燃液体。

(4) 闪光粉、固体酒精、赛璐珞等易燃固体。

(5) 过氧化钠、过氧化钾、过氧化铅、过醋酸等各种无机、有氧化剂。

五、剧毒物品

剧毒物品包括氰化物、剧毒农药等剧毒的物品。

六、腐蚀性物品

腐蚀性物品包括硫酸、盐酸、硝酸、有液蓄电池、氢氧化钠、氢氧化钾等具有腐蚀性的物品。

七、放射性物品

放射性物品包括放射性同位素等放射性物品。

八、其他危害飞行安全的物品

其他危害飞行安全的物品，如可能干扰飞机上各种仪表正常工作的强磁化物、有强烈刺激性气味的物品等。

九、其他禁止物品

国家法律法规规定的其他禁止携带、运输的物品。

案例链接 3-1

榴梿控注意：榴梿不能陪您坐飞机

榴梿是具有特殊香气的水果。喜欢吃的人觉得它是天下美味，不喜欢吃的人觉得它臭不可闻。由于气味刺激，榴梿是不允许携带上机的。

2016 年 10 月 11 日,王先生的随身行李在通过 X 射线机的检查时被发现携带了一个榴莲。开机员立马向开包员发出开包指示。当开包安检员小欢向旅客解释榴莲是不允许携带时,该旅客很不理解并向正在开包的安检员发火。他还表示他用报纸严实的包了十多层,别人根本闻不到榴莲的味道。开包员只好耐心地向旅客解释相关的规定和缘由,希望旅客能够理解。最后,旅客决定叫上同行几位朋友到安检通道外将这近十斤重的榴莲解决掉。

资料来源:http://news.carnoc.com/list/371/371863.html

第二节　禁止旅客随身携带但可以作为行李托运的物品

《中国民用航空安全检查规则》附件二《禁止旅客随身携带但可作为行李托运的物品》如下:

可以用于危害航空安全的菜刀、大剪刀、大水果刀、剃刀等生活用刀,手术刀、屠宰刀、雕刻刀等专业刀具,文艺单位表演用的刀、矛、剑、戟等,以及斧、凿、锤、锥、加重或有尖钉的手杖、铁头登山杖和其他可用来危害航空安全的锐器、钝器等。

案例链接 3-2

怕赴京大雨"被困",男子带圆头锤登机受阻

2012 年 8 月 3 日早上 8 时左右,在广州白云国际机场,一名男性旅客在安检时因为随身行李包内的一把圆头锤(如图 3-9 所示)受阻,由于到达机场时间较晚,因此错过了登机时间无法办理托运,最后该旅客将圆头锤做出自弃处理,便匆匆赶去登机了。

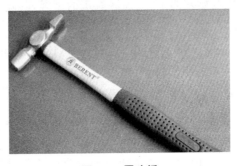

图 3-9　圆头锤

据了解,这名男性旅客姓蒋,计划乘搭海南航空股份有限公司 HU7804 前往北京,由于连日来媒体对北京暴雨的报道,蒋先生于是购置了一把圆头锤以防万一,方便被困于车内时第一时间破窗自救。当开包员小宋对蒋先生表示圆头锤属于钝器不可随身携带登机时,蒋先生却有点不舍地指着圆头锤说:"这锤子比网上那些求生锤靠谱多了,我可是新买的,一次都没用过。"

"先生,您这锤子是买来破窗用的,一次都没用过就是一件好事。您已经过了登机时间了,托运也办不了了,要么就办暂存吧,帮您保管 30 天。"开包员小宋微笑着提议道。"哎呀,那就算了,我不要了,我赶飞机去,谢谢你啊。"蒋先生一看登机时间立马表示放弃圆头锤,提起行李匆匆赶往登机口了。

根据民航规定,乘机旅客禁止随身携带斧、锤、锥、加重或有尖钉的手杖、铁头登山杖,但可作为行李托运。为保证自身和他人出行的安全顺利,请尽量提前到机场接受安检和办理登机手续。

资料来源:http://news.carnoc.com/list/230/230215.html

第三节　乘机旅客随身携带液态物品及打火机的规定

一、乘机旅客随身携带液态物品的规定

(一)关于限制携带液态物品乘坐民航飞机的公告

根据 2007 年 3 月 17 日中国民用航空总局发布的《关于限制携带液态物品乘坐民航飞机的公告》对旅客随身携带液态物品进行如下规定:

为确保航空安全,参照国际民航组织的标准,决定限制携带液态物品乘坐民航飞机。

(1)乘坐中国国内航班的旅客,每人每次可随身携带总量不超过 1 升(L)的液态物品(不含酒类),超出部分必须交运。液态物品须开瓶检查确认无疑后,方可携带。

(2)乘坐从中国境内机场始发的国际、地区航班的旅客,其随身携带的液态物品每件容积不得超过 100 毫升(ml)。

盛放液态物品的容器,应置于最大容积不超过 1 升(L)的、可重新封口的透明塑料袋中。每名旅客每次仅允许携带一个透明塑料袋,超出部分应交运。

盛装液态物品的透明塑料袋应单独接受安全检查。

需在国外、境外机场转机的由中国境内机场始发的国际、地区航班旅客,在候机楼免税店或机上购买液态物品,应保留购物凭证以备查验。所购物品应盛放在封口的透明塑料袋中,且不得自行拆封。国外、境外机场对携带免税液态物品有特殊规定的,从其规定。

来自境外需在中国境内机场转乘国际、地区航班的旅客,携带液态物品,适用本条规定。其携带入境的免税液态物品应盛放在袋体完好无损、封口的透明塑料袋中,并须出示购物凭证。

(3)在中国境内乘坐民航班机,酒类物品不得随身携带,但可作为托运行李交运。酒类物品的包装应符合民航运输有关规定。

(4)有婴儿随行的旅客携带液态乳制品,糖尿病或其他疾病患者携带必需的液态药品,

经安全检查确认无疑后,可适量携带。

(5) 旅客因违反上述规定造成误机等后果的,责任自负。

本公告自 2007 年 5 月 1 日起施行,2003 年 2 月 5 日发布的《中国民用航空总局关于对旅客随身携带液态物品乘坐民航飞机加强管理的公告》同时废止。

案例链接 3-3

民航新规出台,旅客携带酒类乘机频遭尴尬

新版《民用航空安全检查规则》对民航的人、车、物安全检查做了明确规定,自 2017 年 1 月 1 日起施行。新规对于旧规而言,有了些新的变化,但是,相对大多数旅客来说,还是不太清楚的,这就导致了旅客在通过安全检查时,难免会遭遇尴尬。这不,在广州白云国际机场 B 区国内安检通道就发生了这样的一幕:

"您好,先生,您所携带的酒需要办理托运。"

"我是从国际回来的,这是我在免税店买的,以前都是这么带上飞机的。"

是的,您没听错,民航安检新规自 2017 年 1 月 1 日已开始正式实施,新规明确规定,旅客在同一机场控制区内由国际、地区航班转乘国内航班时,其所携带入境的免税液态物品必须同时满足 3 个条件(出示购物凭证、置于已封口且完好无损的透明塑料袋中、经安全检查确认)方可随身携带,如果在转乘国内航班过程中离开机场控制区则必须将随身入境的免税液态物品作为行李托运。

这位先生由于自身原因,中途离开了机场控制区,是需要再次通过安检的,而其所携带的免税酒也就需要办理托运手续了。先生最后也表示理解并返回航空公司柜台办理了托运手续。

资料来源:http://news. carnoc. com/list/387/387329. html

(二) 关于禁止旅客随身携带液态物品乘坐国内航班的公告

根据中国民用航空总局 2008 年 3 月 14 日《关于禁止旅客随身携带液态物品乘坐国内航班的公告》对旅客随身携带液态物品进行如下规定。

为维护旅客生命财产安全,中国民用航空总局决定调整旅客随身携带液态物品乘坐国内航班的相关措施,现公告如下:

(1) 乘坐国内航班的旅客一律禁止随身携带液态物品,但可办理托运,其包装应符合民航运输有关规定。

(2) 旅客携带少量旅行自用的化妆品,每种化妆品限带一件,其容器容积不得超过 100 毫升,并应置于独立袋内,接受开瓶检查。

(3) 来自境外需在中国境内机场转乘国内航班的旅客,其携带入境的免税液态物品应置于袋体完好无损且封口的透明塑料袋内,并需出示购物凭证,经安全检查确认无疑后方可携带。

(4) 有婴儿随行的旅客,购票时可向航空公司申请,由航空公司在机上免费提供液态乳

制品;糖尿病患者或其他患者携带必需的液态药品,经安全检查确认无疑后,交由机组保管。

(5) 乘坐国际、地区航班的旅客,其携带的液态物品仍执行中国民用航空总局 2007 年 3 月 17 日发布的《关于限制携带液态物品乘坐民航飞机的公告》中的有关规定。

(6) 旅客因违反上述规定造成误机等后果的,责任自负。

本公告自公布之日起施行。

案例链接 3-4

液态免税需中转,切勿提前自拆封

2012 年 1 月 18 日上午 7 时,白云机场安检员小孙在对一个手提行李进行开箱包检查时发现其中有包括洗面奶、香水等各种化妆品,且容器容积均超过 100ml。李先生告诉小孙,自己是刚从国外回来,知道在候机楼免税店购买的物品可以随身携带,并主动出示购买凭证。小孙看到化妆品的包装已经拆封,告知其要办理托运。李先生听后大为不解,便与之争辩,小孙耐心向旅客解释关于民航局对于液态物品的相关规定,并告知免税物品可以随身携带的条件是外包装的透明塑料袋不能拆封,如果拆封就不能确定包装袋中物品是否在免税店购买。李先生听后,只得选择重新办理托运。

安检人员提醒各位旅客,在国外候机楼免税店或机上购买的免税液态物品,如需转机切勿自行拆封,只有密封包装并保留购买凭证才能携带登机,转机旅客切勿一时疏忽而给您的旅途带来不便。

资料来源:http://news.carnoc.com/list/211/211482.html

二、乘机旅客随身携带火种的规定

根据 2008 年 4 月 7 日中国民用航空总局发布《关于禁止旅客随身携带打火机火柴乘坐民航飞机的公告》[2008]3 号:

根据航空安全需要,决定从即日起,禁止旅客随身携带打火机、火柴乘坐民航飞机。提醒广大旅客自行处理好相关物品,由此发生的延误和误机,后果自负。

案例链接 3-5

男子隐匿打火机欲进入隔离区,难逃安检关

2017 年 3 月 16 日晚上,厦门机场安检员对航班号 3U8234 执行安检任务时,当检查员小陶细心的执行检查工作时,这时一名中年男子向她走来,表情十分不自然,当检查员询问到是否有带"打火机、火柴"时,该男子支支吾吾,这时小陶立刻提高了警惕,当检查到该旅客腰部时手探发出了"嘀嘀"的警报声,此时小陶采用手探与手相结合的方式进行检查,发现在该旅客的腰部位置隐匿了一个打火机,当场被安检员没收并告知其打火机、火柴、火种类物

品禁止携带上航空器,该旅客说为了进隔离区抽烟,企图蒙混过关,当了解后果的严重性后后悔不已,小陶立即报告当日值班班长将该旅客移交公安处理。根据《关于旅客携带打火机、火柴乘坐民航飞机法律责任告知书》的规定,若旅客在随身行李或托运行李中藏匿打火机(火柴),有可能面临公安机关 5 000 元以下罚款、拘留等行政处罚,并且,由此造成的误机等损失,由旅客自行承担。

资料来源:http://news. carnoc. com/list/396/396249. html

第四节　爆炸物品的处置

一、处置爆炸装置的原则

(1) 爆炸装置是具有较大杀伤力的装置,万一爆炸,将引起严重的后果。因此,在处置爆炸装置时(包括可疑爆炸物)要慎重。

(2) 要尽可能不让爆炸物在人员密集的候机楼内爆炸,万一爆炸也要尽可能最大限度地减少爆炸破坏的程度,要千方百计保障旅客、机场工作人员和排爆人员的安全。

(3) 发现爆炸装置(包括可疑爆炸物)后,应禁止无关人员触动,只有经过专门训练的专职排爆人员才可以实施排爆。

二、处置爆炸装置的准备工作

(一) 建立排爆组织

如确定对爆炸装置进行处置,要成立排爆组,除领导指挥外,要由有防爆专业知识和有经验的专职排爆人员实施。另外,还要组织医护、消防抢救小组,使其处于待命状态。

(二) 准备器材

排除爆炸装置是一项危险性极大的工作,为保障排爆人员生命安全,应尽可能利用一些防护器材和排爆工具。防护器材主要有机械手、防爆筐(箱)、防爆毯、防爆服、防爆头盔等,也可用沙袋将爆炸物围起来。排爆工具主要有钳子、剪子、刀具、竹签、长棍、高速水枪、液态氮等。

(三) 清理现场

(1) 打开现场的全部门窗,万一爆炸,冲击波能得到充分的释放。

(2) 严禁无关人员进入排爆现场。

(3) 转移排爆现场附近的仪器等设备,为了减少损失可将爆炸物用沙袋围起来。

（4）清除爆炸物周围的铁器硬质物体。

（四）确定排爆地点和转移路线

如果爆炸物是可转移的,要事先确定排爆地点。

（1）排爆地点应选择在远离飞机、建筑物、油库、管道、高压线等地方,排爆地点应事先筑好排爆掩体等设施。

（2）转移路线应尽量避开人员聚集、重要设施、交通要道等地方;转移时应尽量使用防爆罐,如转移的路线较长时,应用防爆车或特别的车辆进行运输转移。还要画好勤务警戒转移路线和排爆现场。

（五）疏散无关人员

即使用最有经验的排爆人员,用最有效的排爆器材和工具去处置爆炸物,也难以百分之百地保证爆炸物不爆炸。因此,在处置之前应考虑疏散无关人员。

疏散之前大致判断爆炸物。首先判断真假,以决定是否疏散人员,然后判断威力,以决定在多大程度、多大范围内疏散人员。疏散方式有 3 种:

（1）不撤离。当某件被怀疑为爆炸物的物品有明显的证据是非爆炸物,并判断其几乎没有多大杀伤力时,可不疏散旅客和其他人员,只做适当的警戒。

（2）局部撤离。当某件物品被确认为爆炸物,但威力不很大时,可对旅客和其他人员在一定范围内进行疏散。

（3）全部撤离。当判断爆炸物的威力很大时,要撤离在飞机和建筑物内的全部人员。

三、处置爆炸装置的程序

（一）对爆炸物的判断

（1）真假的判断。

（2）威力的判断。

（3）是否有定时装置的判断。

（4）是否有水平装置的判断。

（5）是否有松、压、拉等机械装置的判断。

（6）是否有其他防御装置的判断。

（二）对爆炸物装置进行处置

处置爆炸物的首要条件是查清爆炸物的结构,根据其结构特点和爆炸物所处的地域,灵活运用不同的方法。爆炸物的处置通常由专业人员实施,处置的方法有 3 种:一是就地销毁法,二是人工失效法,三是转移法。

1. 就地销毁法

如确定爆炸物不可移动,采用就地引爆的方法进行销毁。为减少损失,销毁时可将爆炸物用沙袋围起来。

2. 人工失效法

人工失效法是首先使处于危险状态的爆炸时间延期或触发式爆炸物的引信失去功能,再对整个爆炸物进行拆卸,使引信和弹体(炸药)分开的方法。

3. 转移法

当爆炸物位于候机楼或飞机等主要场所,并装有反拆卸装置且无把握进行人工失效并能移动时,将爆炸物转移到安全地方进行处理。

案例链接 3-6

惠州机场开展航站楼紧急疏散应急演练

面对当前社会安全形势,为加强安全防范和应急处置工作,惠州机场于 2016 年 9 月 22 日候机楼内开展爆炸物威胁疏散处置演练(如图 3-10 所示)。驻场部队、公安分局及机场各部门均参加了演练活动,进一步提高了军、警、民三方应急处置协作能力。

图 3-10　公安人员挪走疑似爆炸物

情境模拟在 9 月 22 日下午 15 时 40 分成都航班本场起飞后,安检人员在日常巡逻中发现出发大厅有疑似爆炸物放置于旅客座位下方,安检人员按照程序立即上报;15 时 41 分军、警、民三方立即启动应急联动处置预案,由公安分局当日值班领导担任现场总指挥,现场总指挥根据发现者反馈信息对疑似爆炸物的状态、位置、威力进行评估,要求现场安检和公安人员对疑似爆炸物进行隔离,部队加强车辆进出控制,对场区重点部位增派巡护力量。

15 时 43 分总指挥下达疏散指令,机场工作人员按照网格化管理分工,由部队人员协助楼内旅客和工作人员撤离至安全地点,并控制车辆进出,机场公安加强对车辆通行管理;15

时 45 分航站楼疏散完毕,公安分局对航站楼、停车场及进场公路进行紧急封闭;15 时 48 分按照现场总指挥指令,刑侦大队协同安检人员对疑似爆炸物进行技术检测;15 时 53 分处置人员排除爆炸威胁;15 时 55 分总指挥下达恢复生产指令。

本次演练经周密部署,在多次筹备和脚本推演的基础上组织开展。通过军、警、民三方的沟通协调,建立良好工作秩序,降低各类风险出现概率,提高应急保障能力,为今后应对本场突发事件的处置工作奠定基础,兼顾安全和发展,保障广大旅客的生命财产安全。

演练结束后,由公安分局领导就演练工作情况进行了总结和讲评,并根据本场特点就应急救援中可能出现的问题进行了汇总,提出了切实可行的解决方案,做到理论与实际相结合,统筹兼顾,完善应急救援机制,全面维护空防安全。

资料来源:http://news.carnoc.com/list/369/369853.html

本章小结

(1)《禁止旅客随身携带或者托运的物品》《禁止旅客随身携带但可作为行李托运的物品》作为《中国民用航空安全检查规则》的附件一、二,它是依据《中华人民共和国民用航空安全保卫条例》的规定,由国务院民用航空主管部门根据实际情况制定的具体规定,向社会公布。

(2)处置爆炸物的首要条件是查清爆炸物的结构,根据其结构特点和爆炸物所处的地域,灵活运用不同的方法。爆炸物的处置通常由专业人员实施,处置的方法有 3 种:一是就地销毁法,二是人工失效法,三是转移法。

综合练习

思考题

1. 禁止旅客随身携带或者托运的物品有哪些?
2. 中国民用航空局对乘机旅客随身携带液态物品是如何规定的?
3. 对爆炸物装置的处置方法有哪些?

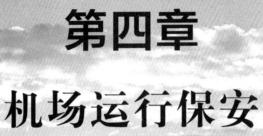

第四章

机场运行保安

本章学习目标

- 理解机场的分类及构成；
- 掌握机场控制区范围的划分；
- 掌握机场控制区通行管制的目的与内容；
- 掌握候机隔离区安全监控的程序；
- 掌握民用航空器监护的职责及程序方法。

导引案例

一旅客越墙过控制区，机场安检员迅速堵截

2016 年 11 月 10 日，昆明长水国际机场（简称"昆明机场"）上演了这样一幕：一名 19 岁的留学生旅客欲从昆明乘机飞往泰国清迈，因购票时粗心大意，没有仔细核对购票信息，在通过机场安检被拒后试图退改机票，但为了不误机又能节省改票费，于是铤而走险翻越机场禁区登机，没想到很快被机场安检人员发现。

事情的经过是这样的：当日下午 3 时 30 分，正值昆明机场国际出港航班高峰时段，国际安检 5 号通道外有序地排满了旅客。此时，一名身材偏瘦的男性旅客走到安检验证柜台前办理验证手续，验证员对其护照、登机牌进行了核对。细心的验证员发现该名前往泰国清迈的杨先生证件有异样，登机牌身份与护照身份信息有细微不同。经核查，登机牌姓氏打印错误，按规定将不予放行。于是验证员告之杨先生无法过检，并请他到航空公司值机柜台进行更改。

7 分钟后，前去改签的杨先生再次返回国际安检待检区，他手持护照和登机牌徘徊在待检区域，迟迟不愿进入安检通道。随后，杨先生走到国际 1 号安检通道旁，在确认四周无人的情况下，试图推开已锁闭的安检门，未能推开门后，他随即将通道旁的垃圾桶推至安检通道侧墙，欲迅速翻越安检通道进入机场控制禁区。身手敏捷的杨先生小心翼翼地将行李包丢入安检通道外的控制禁区，正当他如蜘蛛侠一般骑着墙的瞬间，就被迅速赶来的安检巡视员逮了个正着。被控制住的杨先生及其随身行李经仔细安全检查后，被机场安检移交机场公安部门处理。

资料来源：http://news. carnoc. com/list/377/377723. html

<h1>第一节　机场分类及构成</h1>

一、机场的定义

国际民航组织将机场（航空港）定义为：供航空器起飞、降落和地面活动而划定的一块地域或水域,包括域内的各种建筑物和设备装置,主要由飞行区、旅客航站区、货运区、机务维修设施、供油设施、空中交通管制设施、安全保卫设施、救援和消防设施、行政办公区、生活区、后勤保障设施、地面交通设施及机场空域等组成。

机场的主要功能有:保证飞机安全、及时起飞和降落;安排旅客和货物准时、舒适地上下飞机;提供方便、快捷的地面交通连接市区。

机场的基本服务包括3个方面:保障飞机和机场用户安全的基本的营运服务,包括空中交通管制、飞机进近和着陆、气象服务、通信、警察和保安、消防和急救(包括搜寻和救援)、跑道和房屋的维护;处理交通流量的服务,即与飞机相关的活动,如清洁、动力的提供、装卸和卸载的行李或货物,这些活动有时候也称作地面作业,有的活动直接和交通量有关,包含旅客、行李或货物运输;商业活动,通常包括经营商店、饭店、酒吧、报摊、停车场、电影院、保龄球、理发店、超市、会议中心和宾馆等,还包括候机楼和机场的土地。

二、机场的分类

(一)按服务对象划分

按服务对象划分,机场分为军用机场、民用机场和军民合用机场。

军用机场用于军事目的,有时也部分用于民用航空或军民合用。但从长远来看,军用机场将会和民用机场完全分离。

民用机场又分为商业运输机场(通常称为航空港)、通用航空机场以及用于科研、生产、教学和运动的机场。通用航空机场主要用于通用航空,为专业航空的小型飞机或直升机服务。

在我国,有些机场属单位和部门所有,如飞机制造厂的试飞机场,体育运动的专用机场和飞行学校的训练机场。在国外还有大量的私人机场,服务于私人飞机或企业的公务飞机,这种机场一般只有简易的跑道和起降设备,规模很小,但数量很大。

(二)按航线性质划分

按航线性质划分,可分为国际航线机场(国际机场)和国内航线机场。

(1)国际机场有国际航班进出,并设有海关、边防检查(移民检查)、卫生检疫和动植物检疫等政府联检机构。国际机场又分为国际定期航班机场、国际不定期航班机场和国际定期航班备降机场。

(2)国内航线机场是专供国内航班使用的机场。我国的国内航线机场包括"地区航线机场"。地区航线机场是指我国内地城市与港、澳等地区之间定期或不定期航班飞行使用的机场,并设有相应的类似国际机场的联检机构。

(三)按机场规模和旅客流量

按机场规模和旅客流量,可以将机场分为枢纽机场、干线机场和支线机场。

（1）枢纽机场是指在国家航空运输中占据核心地位的机场,这种机场无论是旅客的进出港人数,还是货物吞吐量,在整个国家航空运输中都占有举足轻重的地位,其所在城市在国家经济社会中居于特别重要的地位,是国家政治、经济的中心。

（2）干线机场其所在城市是省会（自治区首府、直辖市）、重要开放城市、旅游城市或其他经济较为发达、人口密集的城市,旅客的进出港人数和货物吞吐量相对较大。

（3）支线机场是除上面两种类型以外的民航运输机场。虽然它们的运输量不大,但它们在沟通全国航路,以及促进某些地区的经济发展上起着重要作用。

三、机场的构成

机场是供飞机起飞、着陆、停驻、维护、补充燃料及组织飞行保障活动所用的场所。机场主要由飞行区、航站区及进出机场的地面交通系统构成,如图 4-1 所示。

图 4-1　机场构成

（1）飞行区是机场内用于飞机起飞、着陆和滑行的区域,通常还包括用于飞机起降的空域在内。飞行区由跑道系统、滑行道系统和机场净空区构成。相应设施有:目视助航设施、通信导航设施、空中交通管制设施以及航空气象设施。

（2）航站区是飞行区与机场其他部分的交接部。航站区包括:旅客航站楼、站坪（停机坪）、车道边、站前停车设施（停车场或停车楼）等。

（3）进出机场的地面交通系统通常是公路,也包括铁路、地铁（或轻轨）和水运码头等。其功能是把机场和附近城市连接起来,将旅客和货邮及时运进或运出航站楼。进出机场的地面交通系统的状况直接影响空运业务。

第二节 机场控制区的通行管制

一、机场控制区的定义

机场控制区是在机场内根据安全保卫的需要,在机场内划定的进出受到限制的区域。机场控制区应当有严密的安全保卫措施,实行封闭式分区管理。从航空器维修区、货物存放区通向其他控制区的道口应当采取相应的安保控制措施。

二、机场控制区的划分

机场控制区根据安全保卫需要,划分为候机隔离区、行李分拣装卸区、航空器活动区和维修区、货物存放区等区域,并分别设置安全防护设施和明显标志。另外机场还应当设置受到非法干扰威胁的航空器隔离停放区。

候机隔离区是根据安全需要在候机楼(室)内划定的供已经安全检查的出港旅客等待登机的区域以及登机通道和摆渡车。

航空器活动区是机场内用于航空器起飞、着落以及与此有关的地面活动区域,包括跑道、滑行道、联络道、客机坪。

三、机场控制区通行管制的任务与目的

机场控制区通行管制是指对进入机场控制区的所有人员、物品及车辆进行安全技术检查,防止未经许可的人员、物品及车辆进入。

知识链接 4-1

交通部:延误时旅客不得违法进入机场控制区

2016 年 7 月 21 日,中国交通部公布《航班正常管理规定》,该《规定》将于 2017 年 1 月 1 日起实施。

《规定》要求,旅客应当文明乘机,合法维权,不得违法进入机场控制区,堵塞安检口、登机口,冲闯客机坪、滑行道、跑道,拦截、强登、强占航空器,破坏设施设备,或者实施其他扰乱民航运输生产秩序的行为。旅客扰乱民航运输生产秩序的情况,承运人、地面服务代理人、机场管理机构等相关单位应当及时报警。机场公安机关接到报警后,应当依法及时处理,维护民航运输生产秩序。《规定》还指出,航班发生延误时,承运人应当制定并公布运输总条件,明确航班出港延误及取消后的旅客服务内容,并在购票环节中明确告知旅客。国内承运

人的运输总条件中应当包括是否对航班延误进行补偿；若给予补偿，应当明确补偿条件、标准和方式等相关内容。

资料来源：http://news.carnoc.com/list/355/355469.html

四、机场控制区通行管制的内容

乘机旅客及其行李物品应通过安全技术检查后，方能进入候机隔离区候机和登机。

工作人员及其物品进入机场控制区，应当佩戴机场控制区通行证件，并经过核对及安全技术检查，方能进入指定区域。

车辆进入机场控制区，应当停车接受道口安检人员的安全技术检查，包括对驾驶员、搭乘人员及控制区通行证件、车辆通行证件及其所载物品。机场控制区车辆通行证应当置于车辆明显位置。

对进入机场控制区的工具、物料和器材应当实施保安控制措施。道口和安检通道的安检人员应当对工作人员进出机场控制区所携带的工具、物料和器材进行检查、核对和登记。工具、物料和器材使用单位应当明确在机场控制区内由专人负责该器材的监管。

航空配餐和机上供应品的车辆进入机场控制区应当全程铅封，道口安检人员应当查验铅封是否完整。检查无误后，方能进入机场控制区域。

第三节　候机隔离区的安全监控

一、候机隔离区安全监控的任务与目的

候机隔离区安全监控采取封闭式管理，并对候机隔离区内所有人员及物品进行安全管控，防止未经检查的人员与已检的人员相互混淆或接触、防止外界人员向内传递物品、防止藏匿不法分子和危险物品，保证旅客、工作人员和隔离区的绝对安全。

二、候机隔离区安全监控的程序

经过安全检查的旅客进入候机隔离区以前，安检部门应当对候机隔离区各部位进行清场。

清场完毕后，按分工把守隔离区工作人员通道口，检查出入人员。

在候机隔离区安检部门应当派员安排巡视，并对隔离区重点部位进行实时监控。

三、候机隔离区出入口的管控

因工作需要进入控制区的人员，必须佩带民航公安机关制发的机场控制区通行证件，并接受安全技术检查。

工作人员携带行李物品进入控制区必须经过安全技术检查，防止未经安全技术检查的行李物品进入候机隔离区。

航站控制区内的商店不得出售可能危害航空安全的商品，商店运进商品前应当经过安全技术检查。

经过安全技术检查的旅客应当在候机厅隔离区内等待登机，如因航班延误或其他特殊原因离开控制区的，再次进入控制区时应当重新接受安全技术检查。

安检人员对工作人员携带进入候机隔离区的工具、物料和器材实施安全技术检查，并进行核对和登记。工具、物料和器材使用单位应当明确在机场控制区内由专人负责该器材的监管。

四、候机楼隔离区清场

（一）候机隔离区清场的任务

查找隔离区有无可疑物品和可疑人员，并确定可疑物品的性质和威胁程度，及时通知有关部门排除其危险性，保证安全。

（二）候机隔离区清场的方法

1. 仪器清查

（1）金属探测器清查。主要是利用金属探测器清查监控区域内有无隐藏武器等金属性违禁物品。

（2）钟控定时装置探测器清查。利用钟控定时装置探测器清查监控区内有无隐藏钟控定时爆炸装置。

（3）监控设备清查。通过遥控监控区内的监控探头，搜索有无可疑人员及可疑物品滞留在监控区内。

2. 人工清查

（1）看：对被清查的区域、对象进行观察。

（2）听：进入清查区域后，关上门窗，静听有无类似时钟的"嘀嗒"声或其他异响。

（3）摸：对通过外观看不清的固定物体、设施，用手摸，检查有无隐藏物品。

（4）探：对既无法透视，又不能用仪器检查的部位和物品，可用探针检查。

（5）开：对清查区域内的箱柜、设施要打开、移开检查。如候机室内的各种柜台等要移开检查。

（三）候机隔离区清场的重点部位

候机隔离区清场的重点部位包括卫生间、电话间、吸烟区、各种柜台、垃圾桶、窗台、窗帘、窗帘盒、座椅等。

五、候机隔离区安全监控的注意事项

（1）注意发现形迹可疑及频繁进出候机隔离区的人员。

（2）在旅客候机期间，应加强对控制区重点部位的监控。

（3）当天航班结束后，应对控制区重点部位进行清场，注意发现有无遗留旅客和可疑人员及其物品。

第四节　民用航空器在地面的安全监护

一、民用航空器监护的含义、任务、内容、范围

（一）民用航空器监护的含义

民用航空器监护是指安检部门对短暂停留在客机坪执行飞行任务的民用航空器进行监护，如图 4-2 所示为飞机监护。

图 4-2　飞机监护

（二）民用航空器监护的职责

（1）执行航班飞行任务的民用航空器在客机坪短暂停留期间,由安检部门负责监护。

（2）民用航空器监护人员应当根据航班动态,按时进入监护岗位,做好对民用航空器监护的准备工作。

（3）民用航空器监护人员应当坚守岗位,严格检查登机工作人员的通行证件,密切注意周围动态,防止无关人员和车辆进入监护区。

（4）空勤人员登机时,民用航空器监护人员应当查验其《中国民航空勤登机证》。加入机组执行任务的非空勤人员,应当持有《中国民航公务乘机通行证》(加入机组证明信)和本人工作证(或学员证)。对上述人员携带的物品,应当查验是否经过安全检查,未经过安全检查的,不得带上民用航空器。

（5）旅客登机时,监护人员站在登机门或登机通道旁,维护登机旅客秩序。防止旅客在登机行进期间与外界人员接触或传递有碍航空安全的危险品,要检查旅客登机牌是否加盖验讫章,防止送行、无证等人员随旅客行列进入客机坪、接近或登上飞机。

（6）在出、过港民用航空器关闭舱门准备滑行时,监护人员应当退至安全线以外,记载飞机号和起飞时间后,方可撤离现场。

（7）民用航空器监护人员接受和移交航空器监护任务时,应当与机务人员办理交接手续,填写记录,双方签字。

案例链接 4-1

首都机场飞机监护员高温天气保障旅客出行

每年进入暑运,对于首都机场安保公司的 600 多名飞机监护员来说,无疑是一场极大的"烤"验。

俗话说:小暑大暑,上蒸下煮。每年的七月停机坪是最热的时候,中午时分地表温度有时最高能达到 65℃。毒辣的烈日下停机坪异常空旷,飞机监护员在飞机下的矫健身影显得格外引人注目。

暑运期间,首都机场进出港航班量持续攀升,每天进出港航班都在 1 500 多架次,首都机场安保公司的飞机监护几乎没有一刻的得闲,大部分时间都坚守在停机坪上,严格按照飞机监护作业程序实施飞机保障工作。目前,首都机场安保公司飞机监护主要负责首都机场 360 多个停机位航班监护任务,中午时分经过太阳的照射,停机坪地表温度超过 60℃。为了减少高温天气对大家上岗作业的影响,公司根据天气预报情况,对过站时间超过 90 分钟的航班,增加了同事之间的换岗频次,避免大家由于在同一个机位长时间执勤造成中暑的现象发生。每天中午最热的时候,也是首都机场一天中进出港航班最繁忙的时段,有时候一个小时有上百架飞机需要监护队员保障。遇有流量控制、航班备降、飞机故障等特殊情况,还会加大飞机监护员的工作量,一天下来最多的要工作十一二个小时。

由于停机坪地表温度很高,飞机监护员几乎是刚刚在停机坪站上十多分钟就已经汗流浃背,衬衣被湿透了一次又一次,长出了形态各异的白色汗碱。尽管始终是汗流浃背,但是为了确保旅客安全乘机出行,大家依旧冒着高温酷暑,坚守在自己的工作岗位上。无论太阳多毒辣,停机坪温度多高,都必须做好飞机监护,保证飞机在停机坪的安全,让每一名旅客从首都机场安全乘机出行始终是飞机监护员最大的愿望。

资料来源:http://news.carnoc.com/list/352/352731.html

(三)民用航空器监护的范围

(1)以民用航空器为中心,周围30米区域。

(2)通过航空保安审计,且在道口设置安检设备实施检查的机场,经民航局公安局批准,可实施区域守护。

(四)民用航空器监护的时间规定

(1)对出港航空器的监护,从机务人员移交监护人员时起,至旅客登机后航空器滑行时止;对过港航空器的监护从其到达客机坪时开始,至旅客登机后航空器滑行时止;对执行国际、地区及特殊管理的国内航线飞行任务的进港航空器的监护,从其到达客机坪时开始至旅客下机完毕移交机务人员止。

(2)对当日首班出港航空器,监护人员应在起飞前90分钟与机务人员办理交接手续后开始实施监护。

(3)对执行航班任务延误超过90分钟的航空器由安检部门交由机务人员管理,至确定起飞时间前60分钟由机务人员移交安检部门实施监护。

二、民用航空器监护的程序方法、重点部位、重点航班

(一)民用航空器监护的程序方法

1. 准备

(1)了解当天航班动态,通过离港系统向机场外场指挥部门、航空公司调度等单位及时了解航班变化情况,注意班次的增减、民用航空器的更改和起飞时间的变动。

(2)勤务安排应根据航班动态和本科、队人员情况,将各监护小组逐个安排勤务任务,明确指定航班和民用航空器。

(3)监护小组人员领取对讲机和登记本等用品,整理好着装,做好上岗准备工作。

2. 实施

监护小组在当天首次出港民用航空器起飞前90分钟进入监护位置。

(1)与机务人员办理交接手续后,到达旋梯口、廊桥口及货舱口实施监护。

(2)旅客登机前,对机组人员和地面登机人员的证件和携带行李进行检查(航行包除外)。

（3）对进出口港民用航空器货舱进行监装、监卸。

（4）旅客登机时，站立梯口或廊桥口一侧，观察上客情况，禁止无关人员（包括地面工作人员）上民用航空器。

（5）旅客登机完毕，旋梯撤离后，退出原监护位置至安全线以外。

（6）民用航空器起飞时，记载飞机号和起飞时间，监护人员撤离。

3. 结束

（1）当次航班监护任务完成后，监护人员应及时返回驻地，汇报监护情况，稍作休整准备下一次的监护工作。

（2）当天执勤结束后，监护值班领导清点所有装备，记录当天工作情况（重点情况随时记载）。

（二）民用航空器监护的重点部位

舷梯口、廊桥口、货舱、起落架舱。

（三）民用航空器监护的重点航班

（1）我国领导人、外国领导人或代表团及其他重要客人乘坐的班机。

（2）发现有重大可疑情况的民用航空器。

（3）上级通知重点监护的民用航空器。

三、民用航空器清舱的程序和重点部位

民用航空器客、货舱装载前的清舱工作一般由航空器经营人负责。必要时，经民航公安机关或安检部门批准，公安民警、安检人员可以进行清舱，如图 4-3 所示为工作人员对民用航空器清舱。

图 4-3　民用航空器清舱

（一）民用航空器清舱的程序

（1）清查前，由监护小组组长布置任务，明确分工。

（2）清查时，应先对民用航空器外部进行观察和检查，对客舱的清查可分别从机头、机尾同时进行，至中部会合；也可以按从机头到机尾或从机尾到机头的顺序进行。对内部各部位的清查可按先低后高的顺序进行。

（3）清查结束，进入监护位置，直至民用航空器起飞。

案例链接 4-2

关舱门后乘客取消行程，航空公司二次清舱

2015 年 10 月 27 日，由天津滨海国际机场飞往武汉天河机场的厦门航空 MF8146 号航班在关闭舱门后，一女乘客突然提出要终止行程，并要立刻下飞机。按照我国空防安全的规定，遇此情况航班机舱要被清舱并二次安检，而同机出行的 137 名乘客也必须要下飞机回到机场接受重新安检后再登机，为此造成该航班和厦航另一航班各延误近两小时。

MF8146 号航班计划于 8 时 35 分从天津滨海国际机场起飞，但由于机场和航道流控的原因，航班起飞时间延误至 9 时 30 分。9 时许，机组人员关闭舱门并做起飞前的跑道排队准备。突然，一名女乘客向机组人员提出，由于她的丈夫自驾抵达本市，她要临时取消自己飞往武汉的行程，同时表示自己并没有托运行李，要求机组人员立即打开舱门。机组人员和乘客几经劝说无效只好返回廊桥，将她送下飞机。随后，该航班上的其他 137 名乘客也在机组和公安人员的劝说下携带着手提行李下了飞机，返回到机场重新安检后再次登机，而机场公安和安检人员对飞机客舱清舱后重新进行安检。

厦门航空公司工作人员表示，根据我国空防安全的规定，航班关闭舱门后，如有乘客临时终止行程离机，出于航空安全的需要，该飞机机舱要做清舱安检处理。"如果女乘客办理了行李托运，安检人员还要把她托运的行李从货舱中找出并取走，这样航班的延误时间还会更长。"经厦门航空公司与机场协调，MF8146 号航班于 27 日 10 时 23 分才从机场起飞。受此影响，厦门航空随后从武汉飞往泉州的另一航班也延误 110 分钟起飞。

航空公司遇乘客在起飞前提出终止行程很无奈，但出于对乘客人身和飞机航空安全考虑，根据我国空防安全有关要求，公安和安检人员必须要对机舱进行清舱和二次安检，而其他乘客要重新安检后再登机，航班也要重新等待机场安排重新排队起飞，这就造成航班延误，增加了航空公司和乘客的时间成本。此外，航空公司还要为二次清舱和安检等买单。遇到乘客自身原因临时终止行程的，航空公司会考虑其可能遇到急事，无法继续行程。本着为乘客服务的原则，一般会同意其离机并终止行程，也无权要求其赔偿损失。因此，厦门航空公司提醒乘客，在乘飞机出行前要做好安排，以免在起飞前临时终止行程，给自己、航空公司和同机乘客带来不便和损失。

资料来源：http://news. carnoc. com/list/327/327555. html

（二）民用航空器清舱的重点部位

民用航空器清舱的重点部位主要包括：卫生间；乘务员操作间的每个储存柜、配餐间、垃圾箱；旅客座位坐垫下和每个客舱的最后一排座椅背后；行李架；货舱；起落架舱。

四、民用航空器的保安搜查

对发生以下情况时，机场公安机关和安检部门可对航空器进行保安检查：航空器停场期间被非法接触；有合理理由怀疑该航空器在机场被放置违禁品或爆炸装置；其他需要进行保安搜查的情形。

案例链接 4-3

不当值飞行员搭免费航班，私换航班引发防爆搜查

作为一种职业礼遇，飞行员可以免费搭乘其他航空公司的航班。

2015 年 11 月 19 日，捷蓝航空一名不当值的飞行员准备在洛杉矶国际机场搭乘免费航班飞往纽约，但是却在机场官员不知情的情况下更换了航班，引发了一场恐慌和搜查。

该名飞行员于早上 6 点左右出现在 3 号候机楼 31B 登机口，该登机口停着一架捷蓝航空的飞机。该名不当值的飞行员穿着制服，在与一名机场员工交谈后继续前行。不过，该名机场员工当时并不知道这名不当值的飞行员应坐在该航班驾驶舱内观察员座位上。在得知一名飞行员并没有搭乘捷蓝航空航班后，该员工认为刚才交谈过的制服飞行员是一名非法人员，然后报了警。

警方随即开始对这名穿制服的飞行员进行搜查，与此同时，机组人员将飞机拖到一片隔离区域以对飞机进行再次检查。洛杉矶警察局防爆小组以及机场警察检查了飞机和乘客们的托运行李。该次航班原计划于早上 6 时 30 分起飞，但将近 4 小时后飞机才清查完毕。

警方随后发现，一趟维珍美国航空航班（已经起飞）的乘客表上出现了一名不当值的飞行员的名字后，搜查最终取消。该名飞行员正是在捷蓝候机楼与上述机场员工交谈过的男子。该名不当值的飞行员在无人知情的情况下更换了航班。

资料来源：http://news.carnoc.com/list/329/329508.html

本章小结

（1）机场是供飞机起飞、着陆、停驻、维护、补充燃料及组织飞行保障活动所用的场所。机场主要由飞行区、航站区及进出机场的地面交通系统构成。

（2）机场控制区是在机场内根据安全保卫的需要，在机场内划定的进出受到限制的区域。机场控制区根据安全保卫需要，划分为候机隔离区，行李分拣装卸区，航空器活动区和维修区，货物存放区等区域，并分别设置安全防护设施和明显标志。

（3）候机隔离区安全监控采取封闭式管理，并对候机隔离区内所有人员及物品进行安全管控，保证旅客、工作人员和隔离区的绝对安全。

（4）执行航班飞行任务的民用航空器在客机坪短暂停留期间，由安检部门负责监护。

综合练习

思考题

1. 机场如何进行分类？

2. 机场控制区是如何进行划分的？

3. 简述民用航空器监护的职责。

4. 如何进行候机隔离区的清场工作？

5. 在什么情况下，机场公安机关和安检部门可以对航空器进行保安搜查？

第五章

安检工作人员常用英语

本章学习目标

● 掌握安检工作中常用的英语词汇;

● 掌握安检工作中常用的英语工作会话。

导引案例

桂林机场安检站开展安检常用英语会话培训

为全面提升桂林机场安检站的服务形象,提高检查员综合素质和服务技能,根据安检站 2016 年教育培训计划,组织开展了安检岗位常用英语会话培训。

此次培训分为 4 个阶段进行:预习阶段、培训阶段、巩固阶段以及考核阶段。员工前期利用培训教材自行预习,对于不清楚的部分进行标注,随后由培训教员采用朗读讲授和实战对话相结合的方式进行授课,重点是加强员工英语口语会话能力。为检验培训效果,后期将以情景对话口试的方式进行考核,并将考核成绩纳入个人综合绩效管理。

桂林作为一个旅游城市,迎接来自四面八方的游客,桂林机场作为一个迎接旅客朋友的文明窗口,对各项服务要求也越来越高。为进一步与国际接轨,提升安检人员的综合技能,桂林机场安检站将不断开展多方面、深层次的培训内容,为游客提供更优质的服务而努力!

资料来源:http://www.caacnews.com.cn/1/5/201611/t20161118_1205332.html

第一节　值机和航班延误常用工作会话

一、值机服务常用工作会话

(1) A：Which flight are you going to take?

您要乘坐哪个航班?

B：Flight CA981.

CA981 航班。

(2) A：Are you going to take a domestic or an international flight?

您要乘坐国内还是国际航班?

B：An international flight.

国际航班。

(3) A：Where are you going ?（Where's your destination?）

您要前往哪里?（您的目的地是哪里?）

B：l'm going to Beijing.

我要去北京。

（4）A：What's the check – in time for my flight?

我的航班什么时候开始办票？

B：One hour before departure.

起飞前一小时。

（5）A：Is it time to check – in for Flight MU551?

MU551 航班开始办票了吗？

B：The check-in hasn't begun yet. It'll begin in 30 minutes.

还没开始办票。30 分钟以后开始。

（6）Please go to the airline counter to check – in for flight.

请到航空公司柜台为您的航班办理值机手续。

（7）Please go there and go through the Passport control security check.

请到那儿办理验证和安检。

Key Words 相关词汇

domestic flight 国内航班

trunklines 干线

scheduled flight 定期航班

customs 海关

quarantine 检验检疫

travel document 旅游文件

construction 建设

passenger in transit(transit passenger)过境旅客

diplomatic passport 外交护照

check-in 办理值机手续（办票）

airline counter 航空公司柜台

security check 安检

international flight 国际航班

feeder lines 支线

non-scheduled flight 不定期航班

immigration 边检

destination 目的地

airport fee 机场费

administration 管理

check-in time 办理值机手续的时间

departure time 起飞时间

passport control 验证

二、航班延误常用工作会话

（1）A：I've heard an announcement that my flight has been delayed. Could you tell me why?

从广播里得知我的航班延误了，你能告诉我原因吗？

B：What's your flight number?

您的航班号是多少？

（2）A：Do you know why my flight has been delayed?

你知道我的航班为何延误吗？

B：It is due to bad weather conditions.

这是因为不好的天气情况。

(3) A：Could you tell me why Flight CA945 hasn't departed yet?

您能告诉我 CA945 航班为何还不起飞吗?

B：I'm sorry to tell you that your flight has been delayed owing to mechanical difficulties.

非常抱歉的告诉您,您的航班由于机械故障被延误了。

(4) A：Could you tell me why the flight to Beijing has been delayed?

你能告诉我去北京的航班为何延误吗?

B：All the flights before nine have been delayed because of poor visibility this morning.

由于今天上午能见度差,9 点以前的航班都被延误了。

(5) A：What's the extent of the delay?

延误要多久?

B：About 2 hours.

大约两小时。

(6) A：When do you expect it to depart?

你认为何时会起飞?

B：Sorry, we don't know the extent of the delay now, but according to the latest forecast, we are going to have a change in the weather.

对不起,现在还不知道延误多久,但是根据最新的天气预报天气会有变化。

(7) A：When will it be ready for departure?

航班何时会起飞?

B：We will be informed as soon as the time is fixed.

时间一定下来我们就会接到通知的。

(8) A：Well, that's along delay.

延误时间很长啊。

B：I'd like to apologize for the inconvenience caused by this delay.

由航班延误带来的不便我们深表歉意。

(9) A：You mean I have to stay here for the night.

你的意思是我不得不在这儿过夜了。

B：I'm afraid you have to, but the airline is responsible for your meals and accommodations.

恐怕是的,但是航空公司会负责提供膳食和住宿。

(10) A：Can you suggest me an alternate flight? (Can you put me on another flight to Beijing?)

您是否能建议我换一个备选航班?

B：OK, Let me check.

好,让我查一下。

Key Words 相关词汇

announcement 广播通知

flight number 航班号

mechanical difficulties 机械故障

departure(take off)起飞

apologize 道歉

meals 膳食

alternate flight 备选航班

delay 延误

bad weather conditions 不好的天气情况

poor visibility 能见度差

weather forecast 天气预报

Inconvenience 不便

accommodation 住宿

第二节　安检岗位常用工作会话

一、安检待检区岗位常用工作会话

(1) A：I have just checked-in for Flight MU586，what should I do now?

　　我刚办完了 MU586 的值机手续，现在该做什么了？

　B：You should go through the passport control and security check.

　　你应该去办理验证和安检。

(2) A：How should we go through the security check?

　　我们该怎样接受安检？

　B：Just put your carry-on baggage on the belt，which will take it to be screened by X-ray equipment. And you should go through that gate，the staff may give you a personal search.

　　把手提行李放在传送带上接受 X 光机检查。然后你通过安全门，工作人员会对你进行人身检查。

(3) A：How long will the search take?

　　检查要多长时间？

　B：It depends，if you don't have any forbidden articles，it will be very quick.

　　要看情况而定，如果你没有违禁物品的话，检查会很快。

(4) A：What kind of things can not be taken on the plane?

　　哪些东西不能带上飞机？

　B：It's forbidden to carry any kind of weapons、ammunitions、aggressive tools and inflammable、explosive corrosive radioactive poisonous articles on the plane.

　　飞机上禁止携带任何武器、弹药、攻击性的器械以及易燃、易爆、腐蚀性、放射性、有毒物品。

(5) A：What's the security check for?

为何要安检？

B：The security check is carried out for the passenger's own safety，it's for prevention of hijacking and terrorism.

安检是为了旅客自身的安全，是为了防止劫机事件和恐怖活动。

(6) Passengers refusing security screening are not allowed to board the aircraft or enter the airport terminal sterile area，and they will be responsible for any loss.

拒绝接受安全检查的乘客不允许登机或进入机场候机隔离区，并要承担此举所带来的任何损失。

Key Words 相关词汇

waiting for security control 安检待检区岗位	prevention 防止
	carry-on baggage 手提行李
security control/check 安全技术检查	conveyor belt 传送带
checked baggage 交运行李	walk-through metal detector 安全门
X-ray equipment X 光机	personal search 人身检查
hand-held metal detector 手持金属探测器	forbidden articles 违禁物品
baggage search 行李检查	ammunition 弹药
weapon 武器	inflammable article 易燃物品
aggressive tool 攻击性的器械	corrosive article 腐蚀性物品
explosive article 易爆物品	poisonous article 毒害品
radioactive article 放射性物品	hijacking 劫机

二、验证岗位常用工作会话

(1) Good morning(afternoon/evening)passengers，please form a queue and go through the passport control and security check one by one.

旅客们，早上(下午/晚上)好，请按次序排好队，依次接受验证和安检。

(2) Hello，sir(miss，madam)，please get ready your passport，identity card，plane ticket and boarding card for checks.

您好，先生(小姐/女士)请准备好您的护照、身份证、机票和登机牌以便检查。

(3) passengers，if you haven't got a boarding card and a baggage check，please go to the airline counter to go through the check-in procedures first.

旅客们，如果你们还没有拿到登机牌和行李牌，请到航空公司柜台办理登机手续。

(4) Sorry sir，you have to check this baggage，for it is too large and will cause you a lot of inconvenience.

对不起先生，您的这件行李太大，必须托运，不然会给您带来不便。

（5）Excuse me，are you the head of a group（delegation）？Who is the tourist guide of the group?

请问，您是团长吗？谁是这个团的导游？

（6）Excuse me，are you a member of tourist group（delegation）？

对不起，您是旅游团（代表团）的成员吗？

（7）Show me your group visa，please.

请出示团体签证。

（8）In order to improve checking speed，passengers in tourist group，please line up in order according to the list of plane tickets.

为了加快检查速度，旅游团的旅客请按机票名单的先后顺序排队。

（9）Ladies and gentlemen，please stand behind the yellow line with your papers.

女士们，先生们，请带好您的证件站在黄线外等候。

Key Words 相关词汇

passport control 验证岗位

passport 护照

boarding card（pass）登机牌

expire 到期，期满

photo 照片

valid 有效的

regulation 规定

boarding procedures 登记手续

terrorism 恐怖活动

line up in order 排好队

delegation 代表团

air-ticket 机票

identity card 身份证

means of identification 身份证明

accord with 和……一致

transferable 可转让的

check-in procedures 值机手续

in charge of 负责

form a queue 排队

tourist group 旅游团

tourist guide 导游

special screening procedures 对特殊人员的检查

diplomat 外交官

ambassador 大使

consul-general 总领事

dean of diplomatic corps 外交使团团长

captain 机长

handicapped passenger 残疾旅客

diplomatic passport 外交护照

diplomatic pouch 外交信袋

bullet 子弹

diplomatic representative 外交代表

counselor 参赞

consul 领事

special envoy 特使

cardiac pacemaker 心脏起搏器

wheelchair 轮椅

authorization letter 授权证明

VIP（very important person）要客

pistol 手枪

三、人身检查岗位常用工作会话

(1) A：Does everyone have to receive a personal search?

每个人都必须接受人身检查吗？

B：Yes,the personal search is made on all passengers both domestic and international.

是的,人身检查是针对所有的国内和国际的旅客。

(2) A：What will happen to me if I refuse the security check.

如果我拒绝接受安检会怎样呢？

B：Anyone who refuses that will not be allowed to board the flight.

任何拒绝接受安检的人是不允许登机的。

(3) Please put your lighter,cigarettes,mobile,calculators and keys on the tray.

请将您的打火机、香烟、手机、计算机和钥匙放入托盘内。

Key Words 相关词汇

personal search 人身检查岗位

cigarette 香烟

key 钥匙

business card holder 名片夹

spectacle case 眼镜盒

coin 硬币

plate 托盘

pocket 口袋

restricted area(sterile search)隔离区

departure lounge 候机厅

group visa 团体签证

lighter 打火机

metal item/object/thing 金属物品

calculator 计算器

mobile phone 手机

chewing gum 口香糖

health 健康

manual search(physical search)手工检查

belongings 携带行李

cooperation 合作

common practice 惯例

四、开箱包检查岗位常用工作会话

(1) Please switch on your digital camera,thank you very much.

请打开您的数码相机,谢谢。

(2) Sir,please open the bottle of mineral water and drink it,would you?

请打开这瓶矿泉水喝一口,行吗？

(3) You may not carry knives or similar items on board. If you wish to take such items with you,you must put them in your check in baggage before inspecction. You must not carry knives or similar objects yourself.

你可能没有带刀或类似物品。如果你想携带这些物品,你必须在检查之前把它们放在你的托运行李里。像刀或类似的物品是不能随身携带的。

Key Words 相关词汇

baggage search 开箱包检查岗位

aerated beverage 碳酸饮料

milk 牛奶

fruit juice 果汁

checking table 检查台、开包台

restricted article 限制物品

kitchen knife 菜刀

tool kit 工具箱

receipt 收据

deliver 移交

sheet for delivery of restricted article 限制

物品移交单

limit 限制,限量

contraband 违禁品

liquid article 液态物品

dangerous article 危险物品

mineral water 矿泉水

yogurt 酸奶

bottle 瓶子

bottom 底部

knife 刀

surgical knife 手术刀

scissors 剪刀

claim 认领

crew 机组

oxygen container 氧气袋

confiscate 没收

alcoholic beverage 含酒精的饮料

see...off 为……送行

control of access 通道检查岗位

restricted area perm 隔离区通行证

temporary badge 临时通行证

security screening checkpoint 安检通道,安

检区

security screening procedures 安检手续

uniform 制服

information counter 问询台

staff entrance 员工通道

expiry date 有效期

working hours 工作时间

apron 停机坪

本章小结

安检岗位常用英语是机场安检人员需要掌握的一项必备技能,尤其是国际机场,故安检岗位的工作人员要熟悉安检岗位常用英语,从而更好地为旅客提供服务。

综合练习

单选题

1. 以下单词解释错误的是（　　）

A. erect 箱子　　　　B. lock 锁,上锁　　　C. separate 分开　　　　D. pack 包装

2. 翻译"domestic flight"（　　）

A. 国内航班　　　　B. 国际航班　　　　C. 航线　　　　D. 机场费

3. Please go to the airline counter to check-in for you flight. (　　)

A. 请到航空公司柜台为您的航班办理登机手续

B. 请到航空公司柜台为您的航班办理值机手续

C. 请到南方航空公司柜台为您的航班办理登机手续

D. 请到南方航空公司柜台为您的航班办理值机手续

4. 翻译"I'm sorry to tell you that your flight has been delayed owing to mechanical difficulties."（   ）

A. 非常抱歉的告诉您,您的航班由于天气的原因被延误了

B. 非常抱歉的告诉您,您的航班由于商务的原因被延误了

C. 非常抱歉的告诉您,您的航班由于航班调配的原因被延误了

D. 非常抱歉的告诉您,您的航班由于机械故障被延误了

5. 延误要多久？（   ）

A. Whis is the extent of the delay?

B. What is the extent of the departure?

C. What is the extent of the delay?

D. Whis is the extent of the derparture?

第六章

安检工作人员服务礼仪

本章学习目标

- 掌握安检人员的执勤规范；
- 掌握安检人员仪容仪表及着装规范；
- 掌握运用各安检岗位的规范用语；
- 了解涉外礼仪礼节知识，在工作中做好有礼有节、自然大方。

 **导引案例**

安检验讫章"盖"在外套上？

因为忽略细节，将安检验讫章（如图 6-1 所示）"盖"在旅客的外套上，破坏了旅客随身物品，引发了一场不必要的服务纠纷。

2008 年 12 月 25 日早上，广州新白云机场安检候检大厅人山人海，验证岗位的安检员对一名身穿白色外套的女性旅客进行证件和登机牌的查验，核对无误后迅速将证件递还旅客，却忘了将登机牌对折。前传岗位安检员小黄看到旅客手中登机牌已盖安检章，直接接过手就放置在篮筐里，提醒旅客摆放好随身行李，并建议旅客脱下外套，放在篮筐内。最后顺利完成安检程序，当旅客收拾物品时却赫然发现自己的外套，已被盖上安检验讫章，随即

图 6-1 安检验讫章

旅客情绪激动，还嘲笑安检是不是也有专卖服装品牌，并强烈要求合理赔偿。安检人员一边安抚旅客情绪，一边商讨解决办法。最后安检人员诚心向旅客道歉认错，在取得旅客的原谅以及同意下，由安检人员将衣服拿到专卖店清洗干净后寄还旅客。

这个案例提醒我们，不仅要确保安全，还应提高服务质量，重视旅客的需求，注重服务细节。

资料来源：魏全斌. 民航安全检查实务[M]. 北京：北京师范大学出版社，2014.

第一节　安检人员礼仪礼节的基本规范

一、安检人员执勤规范

安检人员在执勤时，应当遵守下列规定：

（1）执勤前不吃有异味食品、不喝酒，执勤期间应举止端庄，不吸烟、不吃零食。

（2）尊重旅客的风俗习惯,对旅客的穿戴打扮不取笑、不评头论足,遇事不围观。

（3）态度和蔼,检查动作规范,不得推拉旅客。

（4）自觉使用安全检查文明执勤用语,热情有礼,不说服务忌语。

（5）爱护旅客的行李物品,检查时轻拿轻放,不乱翻、乱扔,检查完后主动协助旅客整理好受检物品。

（6）按章办事,耐心解释旅客提出的问题,不得借故训斥、刁难旅客。

知识链接 6-1

长沙黄花国际机场安检护卫部人员行为举止规定

一、为了加强安检护卫部队伍建设,规范安检人员行为,树立安检人员良好形象,依据《长沙黄花国际机场员工管理手册》《安检护卫部规范化手册》制定本规范。

二、安检人员入座时应轻而缓。坐时,要保持上身端正,双手自然放在大腿上,肩部放松。男检查员可以微分双腿(不超过肩宽),女检查员应并膝或双腿交叉端坐。严禁托腮、抱胸、背向旅客、前俯后仰,不得将腿架在桌面或柜台上,不得翘"二郎腿"。

三、安检人员站立执勤时,身体须挺直,不得弯腰驼背。标准站姿:头正肩平,两臂下垂,五指自然并拢,微屈在两边裤缝,两腿直立,两脚跟并拢,两眼平视前方。工作站姿:面带微笑,两脚跟可以稍微分开不超过8厘米,双手可适当放松,自然下垂或放于身后。

四、安检人员在行走时,应头正肩平,挺胸收腹,两手臂自然前后摆动,两眼平视前方,两腿走在相邻的平行线上,脚步轻快,不得将手插在裤兜内或背于身后行走。多人同行时,不得勾肩搭背,嬉笑打骂,不得与旅客争道而行。行走时禁止抽烟、嚼槟榔或吃其他零食。

五、安检人员指引方向时应五指并拢,掌心侧立,手臂自然前伸。指示人物时,应五指并拢,掌心向上,并使手臂处于较低位置。任何时候,严禁用单个手指、笔或其他物品指引、指示。

六、递接物品时应用双手;如距离较远时可用单手——交到客人手中,交代清楚,或放在桌子上推到客人面前。递接物品应轻拿轻放。

七、安检人员在执勤时,要面带微笑,表情自然、轻松。服务时,应主动热情,亲切友好,使客人有一种轻松愉快的感觉。

八、安检人员必须廉洁奉公,不得吃、拿、卡、要旅客和货主的财物,不得私拿旅客遗留物品和放弃物品,不得利用工作之便,与旅客和货主拉关系、办私事。

九、安检人员应尊重旅客的风俗习惯,执勤时对旅客的穿着、打扮不评头论足,遇事不围观。

十、安检人员严禁利用工作之便,为他人捎带物品、购票车利、为亲朋好友提供安检便利。

十一、安检人员执勤时不得扎堆聊天、不得大声喧哗;不得在岗位上看书报、玩手机、打游戏、发短信、会客或干与工作无关的其他事情。

十二、安检人员要严格遵守安全检查有关规定和规章制度,坚守工作岗位,不迟到,不早退,不擅自脱岗。

十三、工作禁忌:不得当着客人的面整理头发,掏鼻孔,抓头搔耳;不得在公共场所将手插在口袋中;不得在工作、走路时吃(嚼)东西、吸烟、甩弄手中物品;不得在安检现场将手提金属探测器夹在腋窝下或别在腰间;不得在安检现场将工作用的托盘或篮子抛来抛去;保持工作现场的环境卫生,不得乱扔果皮纸屑,不得随地吐痰。

十四、安检人员执勤时必须使用礼貌用语,使用称呼服务。十字礼貌用语:您好、请、对不起、谢谢、再见。

十五、安检人员上岗服务时要求使用普通话,并能掌握一定外语会话能力。

十六、安检人员传递信息时要求简明扼要,口齿清晰。

十七、违反规定者,按绩效考核扣罚。

资料来源:http://www.docin.com/p-1388358260.html

二、仪容仪表规范

安检人员在执勤中,应仪容整洁,仪表端正:

(1) 男女发型自然大方,不留奇型怪发,男安检员不准留长发、胡须、大鬓角,女安检员在工作期间不得披发过肩。

(2) 面部不浓妆艳抹,不戴奇异饰物。

(3) 讲究卫生,仪容整洁,不在手背或身上纹字纹画。

三、着装规范

安检人员执勤时必须穿安检制服,并遵守下列规定:

(1) 按规定缀钉、佩戴安检标志、领带(领结)、帽徽、肩章。

(2) 按规定着制式服装,服装样式由民航局统一规定,冬、夏制服不得混穿。

(3) 换季时应统一换装,换装时间由各安检部门自行规定。

(4) 应当着黑色、深棕色皮鞋。

(5) 着装应当整洁,不准披衣、敞怀、挽袖、卷裤腿、歪戴帽子,不准在安检制服外罩便服、戴围巾等。

(6) 只能佩戴国家和上级部门统一制发的证章、证件和工号。

知识链接 6-2

长沙黄花国际机场安检护卫部人员着装规定

一、为了加强安检护卫部队伍正规化建设,规范安检人员着装,树立安检人员良好形象,依据《长沙黄花国际机场员工管理手册》《安检护卫部规范化手册》制定本规范。

二、安全检查着装,是指民航机场安检人员(含短期合同工)按照规定,穿着全国民航统一的安检制式服装。

三、安检人员在民用机场上班和执勤时必须按规定着安检制式服装,如有其他工作任务或参加重要、重大会议、活动时应按通知要求着装。

四、安检人员着制式服装时,不得染指甲,不得佩戴首饰。应当仪表端庄,举止文明,精神饱满,姿态良好。

五、安检人员不得染彩发(非黑色)。男性检查员不得留长发(头发长度不得盖及耳部和触及后衣领)、大鬓角、卷发(自然卷除外)、剃光头或者蓄胡须;女性检查员短发不过肩,长发须盘起并按要求佩戴统一发兜,刘海不能遮住额头,头发上不能有明显碎发。

六、安检人员应保持指甲清洁,经常修剪,不留长指甲。女士指甲修饰,以肉色、本色为限。

七、男性检查员不得化妆。女性检查员化妆应保持淡雅,不得浓妆艳抹。面部要求整体淡妆;唇膏颜色应得体,应与年龄相适应。

八、为了保证正常工作,视力不佳的检查员应适当佩戴眼镜(含隐形眼镜),但眼镜的样式应得体,不应花哨;佩戴眼镜时,应保持其清洁。除工作需要外,所有人员一律不得在室内佩戴墨镜(外场工作时,为保护眼睛而戴的除外),眼镜不戴时,不得挂在衣服上,或外露在身体的其他部位。

九、着安检制服时须穿黑皮鞋或经认可的全黑色其他鞋种,深色袜子,女士还可以穿肉色丝袜,但丝袜不得有明显的破损痕迹,袜边不得在裙边或裤脚以下。皮鞋必须干净光亮。切忌穿旅游鞋、拖鞋、露脚跟、脚趾的凉鞋和款式奇特的其他鞋上岗。

十、安检人员按照规定佩戴肩章,着春秋装时佩戴硬质肩章,着夏季安检制服时佩戴套式软质肩章。员工(含实习工)戴一条杠肩章;分队长、助理员级戴二条杠肩章;基层管理人员级戴三条杠肩章;部领导级戴四条杠肩章。

十一、安检人员须按规定配套穿着安检制式服装,安检制服与便服不得混穿,制服内着非制式服装时,不得外露,室内上班不得在制服外套大衣。

十二、安检人员执勤时应保持制服干净整洁,制服须平整无褶皱、无破损且纽扣齐全,衣服上无明显污渍、油渍。

十三、安检人员不得披衣、敞怀、挽袖、卷裤腿,戴帽(含钢盔)必须端正,严禁歪戴斜戴。

十四、春秋装式安检服内须着白色衬衣,男同志系蓝、黑色领带,女同志戴领花。夏季着长、短袖安检制式衬衣时,除敞口小翻领白衬衣外,均须系领带(领带下摆距离皮带扣下边缘5cm处)、戴领花,系扎制式腰带,并将衬衣下摆系于裤腰或裙腰内。

十五、着安检制服时扣子必须扣好,有拉链的必须拉到衬衣自上而下第3粒扣子附近。不得将领带、领结、领花、发兜松开或解下,不得将领口、袖口、外套等处的纽扣解开,不得挽衣袖,不得将衬衣从裤腰带内扯出,外套脱下站立或行走时须搭在左小臂上。

十六、工作期间不得佩戴、系挂与安全检查员身份或者执行安检任务无关的标志、饰品或其他物品。

十七、穿制服时,工作牌应挂在衣服左上方。男士挂在上衣左口袋处,女士挂在相应的位置(上衣有口袋应挂在左口袋处;无口袋挂于胸前,工作牌上缘位于衬衣第2、3颗纽扣中间)。

十八、戴挂工作牌时要求端正、不得正反倒置。工作牌的照片、姓名、编号及相关内容应保持清楚、整洁;不得在工作牌上粘贴、涂抹或用其他物品遮盖。

十九、未按规定着装者,不得挂工作牌在公司范围内活动。

二十、安检人员应当爱护和妥善保管安检制服及肩章、领花、制式腰带等物品,不得赠送、转借给安检以外的人员。

二十一、安检人员季节换装的时间由安检护卫部根据气候条件和工作需要确定。

二十二、违反规定者,按绩效考核扣罚。

资料来源:http://www.docin.com/p-1388358260.html

案例链接 6-1

白云机场安检员展新颜,换上第五代安检制服

2016年5月1日,在热切的期盼当中,广州白云国际机场安检各岗位的干部员工终于全部换上第五代安检制服(如图6-2所示),大家表现得异常兴奋,迫不及待地穿上新款制服,展示出全新的岗位形象和职业风采。当然,对于陪伴自己多年且带有强烈青春印记的第四代白色制服——"小白",大家也有许多的眷恋和不舍,纷纷发朋友圈做出"告别"留念,也表达了对美好未来的期许。

图6-2 白云机场第五代安检制服

据悉,为适应安全工作需要和展示员工良好形象,白云安检在保持与全国同行制服格调基本一致的基础上,结合南方气候特点和岗位需要,广泛征求一线员工意见,对第五代安检制服的款式、材质及用料等进行了为期一年多的调整。新一代的制服传承优化、个性鲜明,以严谨专业的黑色为主调,融入持续安全理念,搭配裙装、裤装和皮靴,更加简洁利落,彰显出安全保障工作严谨、规范、踏实、厚重等个性特质。

资料来源:http://news.carnoc.com/list/344/344208.html

四、语言行为规范

在执勤中应自觉使用文明执勤用语,热情有礼,不说服务忌语。不对旅客外貌举止进行议论,不准与旅客发生冲突。

五、礼节礼貌规范

安检人员的礼节礼貌,通常是在安检现场各种情况下操作使用,以表达对旅客的敬意。

礼节礼貌形式多样,一般来讲,安检现场常见的有以下几种情况:

(1)问候礼。问候时要力戒刻板,应根据不同国家、不同地区、不同民族风俗习惯而定。

(2)称谓礼。称谓要切合实际,对不同性别、不同年龄、不同地位和职务的对象要有不同内容的称呼。

(3)迎送礼。迎送外宾及重要旅客时,要热情得体,落落大方,通常用握手、鞠躬、微笑、注目礼迎送,如图 6-3 所示。

图 6-3　安检礼仪

礼仪礼节在不同国家不同民族表现形式不同,实施原则应区别对待,各有侧重。如有的见面时点头、鞠躬、握手,有的赠送鲜花、拥抱,有人行注目礼或祝颂赞誉语言,泰国对人表现尊敬和欢送行合十礼,南太平洋有的地区还行碰鼻礼,日本人行鞠躬礼。

在什么场合实施什么礼节,应遵循以下几条原则:一是以我为主,尊重习惯。日常接待中,要以我国的礼节方式为主,特殊情况下尊重宾客的礼节习惯。二是不卑不亢,有礼有节。在宾客面前要保持一种平和心态,不因地位高低而态度不一,应彬彬有礼而不失大度。三是不与旅客过于亲密,要内外有别,公私分明,坚持原则。四是不过分烦琐,要简洁明了。以简洁大方为适度,不要过分殷勤而有损安检形象;对老弱病残者要给予特殊照顾,使安检窗口成为文明执勤的窗口、礼节规范的窗口、旅客满意放心的窗口。

六、安检岗位规范用语

(一)称呼

一般称男子为先生,女子为小姐、女士;重要旅客应称呼首长及职务。

（二）礼貌用语

在安全技术检查工作中，应做到"请"字开头，"谢"字结尾。注意运用"您好""请""谢谢""对不起""再见"等文明用语。

（三）岗位规范用语

1. 验证岗位

（1）您好，请出示您的身份证（或相关证件）、机票和登机牌。

（2）对不起，您的证件与要求不符，我需要请示，请稍等。

（3）谢谢，请往里走。

2. 前传、维序岗位

（1）请把您的行李依次放在传送带上，请往里走（配以手势）。

（2）请稍等、请进。

（3）请各位旅客按次序排好队，准备好身份证件、机票和登机牌，准备接受安全检查。

3. 人身检查岗位

（1）请将您身上的香烟、钥匙等金属物品放入托盘内。

（2）先生（小姐）对不起，安全门报警了，您需要重新检查一下。

（3）请脱下您的帽子。

（4）请转身，请抬手（如图 6-4 所示）。

（5）请问这是什么东西？您能打开给我看看吗？

（6）检查完毕，谢谢合作。

（7）请收好您的物品。

图 6-4　人身检查礼仪

4. 开箱（包）检查岗位

（1）对不起，请您打开这个包。

（2）对不起，这是违禁物品或限带物品，按规定不能带上飞机，请将证件给我，给您办理手续。

（3）对不起，刀具您不能随身带上飞机。您可交送行人带回或办理托运。

（4）谢谢合作，祝您一路平安。

第二节　涉外服务礼仪

民航是世界频繁交往的一个通道，民航交通不是简单的地域交通的概念，而是国际文化交流的重要工具和手段。民航是关系到国家形象的"窗口"，如许多外国友人首先是通过接触民航人、感受中国民航的服务来认识中国和中国文化的。所以,民航具有"国家形象大使"的作用。

一、外交、外事、涉外

(一)外交

外交,是指国家为实行其对外政策,外交代表机关等进行的,由国家元首、政府缔结条约、诸如访问、谈判、交涉、参加国际会议和国际组织等对外活动。

(二)外事

外事,即外交事务的简称,一般泛指国家、地方和部门的涉及国外、境外的事务。

国家正式办理外交事务的机构,如驻外使领馆等,其他各种对外交机构统称为外事机构或涉外单位。

(三)涉外

涉外是涉外事务的统称。"涉外""外事"两概念的广义词可通用,正如说这是"外事"问题,也可以说这是"涉外"问题,但是狭义则有些微小差别,例如,"外事部门"通常是指地方外办等专职外事部分,而"涉外部门",则指涉外的业务部门,从事涉外工作的有关人员叫"涉外人员"。

二、涉外纪律

(1)坚决维护国家主权、尊严和利益。不做有损于国家尊严的事,不说不利于国家声誉的话。

(2)尊重不同国家、不同民族的风俗习惯和宗教信仰,不随意干涉对方的内部事务。

(3)严守党和国家的秘密,勿在外国人、外籍人面前谈论内部机密。

(4)严格遵守请示报告制度。请示报告的问题要及时、准确,勿超越职权范围,不随意代表国家或本单位对外处理问题、发表意见、公开表态等。

(5)不准利用工作之便向外国旅客索要、价购、托购、套购任何物品或变相收受礼品。不许背着组织同任何国家驻外机构或个人发生任何关系。

(6)拒腐蚀,永不沾。不利用工作之便翻阅外国旅客携带的黄色书刊杂志。

三、涉外礼仪礼节

(一)招呼

见面时的互相招呼是日常涉外活动中最简单的礼节,如见面时说"早上好!""下午好!"

"晚上好!""您好!"等,与熟人见面时,要主动打招呼,以示尊重对方,如果对方主动向你打招呼,你应相应回答对方,否则,是对别人不礼貌。

与西方人打招呼,应避免中国式,如说:"你上哪儿去?",对方会认为你是在探听他的私事,是一种不礼貌的语言。也不要见面就问"你吃过饭了吗?",否则对方会误以为你要请他吃饭。与日本人打招呼,最普通的语言是"您早!""您好!""拜托了!""请多关照!""对不起!""失礼了!"等。

中东地区国家,由于多信奉伊斯兰教,打招呼时的第一句话就是"真主保佑!",以示祝福。而在东南亚国家,由于多信奉佛教,见面时则说"愿菩萨保佑!"等。

(二) 介绍

介绍是一切社交活动的开始,工作中常可通过第三者介绍、自我介绍相识。为他人介绍,是社交场所中普遍的礼节礼仪,引见说出对方姓名和个人情况,也要先了解对方是否有结识的愿望,不要贸然行事。无论自我介绍或为他人介绍,顺序通常应该是:把主人先介绍给客人;把男子先介绍给女子;把年轻的先介绍给年长的,把晚辈介绍给长辈;把身份低的先介绍给身份高的;把年轻的、身份低的女子先介绍给年长的、身份高的男子;把未婚妇女介绍给已婚妇女。

介绍时,介绍人和被介绍人均要站立。在简单介绍时,先生、女士等称呼要紧跟其姓,不可同时既称先生又加头衔。

自我介绍时,应先将自己的姓名、职务介绍给对方,并有礼貌地以手示意,不要用手指指点点。介绍后,通常相互握手,微笑并互致问候。在需要表示庄严、郑重和特别客气的时候,还可以在问候的同时,微微欠身鞠躬、握手等。

(三) 握手礼

握手是相互见面或离别、祝贺、致谢时的一种世界上使用最广泛的礼节。相互介绍和会面时握手,握一下即可。关系亲密的人两人双手可长时间地握在一起。高者握手时,应稍稍躬身迎握,年轻者对年长者、身份低者对身份高者应稍稍欠身,以双手握住对方的手,以示尊敬。男子与妇女握手时,往往只握一下妇女的手指部分。与妇女握手时,要轻一些,与男子握手可略重一些。

握手应由主人、年长者、身份高者、妇女先伸手,客人、年轻者、身份低者见面先问候,待对方伸手再握。男子在握手前应先脱下手套、摘下帽子,女子则不脱手套。握手时,双目正视对方,微笑致意,欠首弯腰,不要看第三者握手,更不能东张西望,否则便是傲慢无礼。

拒绝对方主动要求握手的行为,是很失礼的。

(四) 交谈

与外国旅客交谈时要表情自然大方,语言和蔼诚恳,不要用手指人,不自吹自擂,不崇洋媚外,不要离对方太远,谈话时不要唾沫四溅。别人在谈话时不要凑近旁听,若有事需与某人说话,应等别人说完。谈话时不得询问外宾的年龄、履历、婚姻、工资、衣饰价格等,不谈一些荒诞离奇、黄色淫秽的事,对方不愿回答的问题不要追问,不以外宾的生理特点为话题,如胖、瘦、高、矮等,绝不允许给外宾起绰号,与妇女谈话时不无休止地攀谈,引人反感,与妇女谈话要谦让、谨慎,不与之开玩笑,争论问题要有节制。

严守国家机密,避谈争议的敏感问题。谈话中不涉及政治、国家关系问题,谈话和回答问题应实事求是,恰如其分。对旅客提出的要求,应当留一定余地,不许随便许诺。

谈话中要使用礼貌语言,如:你好、请、谢谢、对不起、打搅了、再见等。

（五）同女性接触中应注意的礼节

西方国家为表示尊重妇女,在举止行动上处处注重女士优先礼节。女士进门,男士要主动给开门;女士入座,男士要主动帮助把椅子从桌下拉出来,调整好位置,请她入座;乘车时男士应主动给女士开门。

同女士初次见面时,如果事先不知对方是否已婚,千万不可贸然称其为"夫人"或"太太",可称其"女士",年轻的可称呼"小姐";谈话中不要打听对方的年龄、婚姻;对方没有首先将手伸出来,不能同她握手,以防失礼。

（六）点头礼

点头礼是同级或平辈的礼节,在行走时相遇,点头致意,不必停留。在行走时遇到上级,必须立正行礼,上级对部下或者长辈对幼辈的答礼,可在行进间进行。

（七）致意

以右手打招呼并点头致意,适用于远距离场合遇到相识的人。西方男子戴礼帽时,可脱帽,点头致意,有时与相遇者侧身而过,也应回身道"你好"致意。

同一场合多次与相识者见面,只点头致意即可,对一面之交的朋友或不相识者,在交际场合均可点头或微笑致意。

遇见身份高的领导人,应有礼貌地点头致意或表示欢迎,不要主动上前握手问候。只有领导人主动伸手时,才向前握手问候。

（八）合十礼

合十礼又称合掌礼。即把两个手掌在胸前对合,掌尖和鼻尖基本平行,手掌向外倾斜,头略低。这种礼节,通行于南亚与东南亚信奉佛教的国家。在平日工作中,当对方用这种礼节致礼时我们也应以合十还礼。

（九）拥抱接吻礼

拥抱接吻礼因不符合我国国情,原则上不接受。若工作中遇到这种情况不必惊慌失措,稍稍后退,竖起手掌,掌心向外作拒绝姿态,同时说:"对不起,先生(夫人),这不符合我国国情,请谅解!"

（十）手势、姿势语言

西方人性格大都外向，与人交谈时面部表情丰富，常伴随一些手势代替语言表示某种特定的意思或加强语气。如"OK"手势，用食指与拇指构成圆圈状，其余三指向上，表示"好极了""同意""一切正常"的意思。

竖起食指对人不停地摇晃，表示"不赞成""不满意""不对""警告"的意思。

用手指轻轻地频频击桌子是表示不耐烦。

用大拇指向下指表示"反对"和"不接受"。

用手指胸膛表示"我"。

两臂交叉放在胸前表示"无可奈何""毫无办法""毫无希望"。

西方人伸出了分开的拇指和食指是表示数字"2"，因为他们用手指表示数字是从拇指开始的，竖起几根手指则表示几。手掌向下并翻动一两次，表示他认为"差不多""还算可以"。

案例链接 6-2

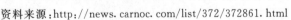

三亚机场全面推行"L型安检引导手势"

为提高旅客过检效率，营造安检现场和谐有序的工作环境，三亚凤凰国际机场（简称"凤凰机场"）积极创新服务举措，自 2016 年 10 月 16 日起在安检现场全面推行"L型安检引导手势"。

"L型安检引导手势"标准动作是，安检员跨出与肩同宽一步后举起左手，做出 L 型手势（如图 6-5 所示），并对旅客说"您好，这边请"。借助安检员的直观动作与语言提示，既可有效减少嘈杂环境下语言沟通的不便，也可在举手投足间提升旅客的服务感受，创造和谐、愉悦的过检氛围。

据凤凰机场安全检查站总经理刘文辉介绍，在服务行为四大要素"动作、表情、语言、眼神"中，"动作"是最直观且高效的沟通途径，对于每年冬季前来三亚过冬的老年旅客而言，安检员整齐划一的动作可向其传递积极有效的过检信息，便于其快速过检。凤凰机场推行"L型引导手势"，将有助于建立起安检员与旅客之间情感沟通的桥梁，

图 6-5　L型引导手势示意图

用规范的手势动作，传达真情服务理念，彰显安检队伍的专业性，打造"和谐安检、温馨安检、放心安检"服务品牌。

资料来源：http://news.carnoc.com/list/372/372861.html

（十一）尊重老人和妇女

尊重老人和妇女是西方社会的传统礼节礼仪，也是文明社会的一种美德。我们在检查

时要敬妇尊长,在举止行动上处处体现"女士第一、长者优先"的原则。

案例链接 6-3

男士止步,武汉机场设置"女性旅客安检通道"

　　为创新服务举措,满足个性化的服务需求,近日,武汉天河机场在 T2 航站楼 A、B 区各设置了一条"女性旅客安检通道"(如图 6-6 所示),于 2016 年 4 月 30 日正式启用。

图 6-6　女性旅客专用安检通道

　　顾名思义,女性旅客安检通道即专为女性旅客提供的专检通道,该通道内全部为女性检查员,只面向广大女性旅客以及年龄不超过 12 岁的小朋友。在女性旅客安检通道的道口摆放有醒目的"女性旅客专检通道"专用标志,提醒男同胞们"止步",同时安排有专门的服务大使进行引导,并向旅客说明情况。

　　多数女性旅客在调查过程中对"女性安检通道"的设置表示了赞许。一方面,多数女性携带的行李要比男性多且行李中会有化妆品、洗漱用品等女性常用品,检查过程耗时较长,设立专检通道在为女性旅客提供方便的同时,实际上也缩短了很多男性旅客的过检时间,可以说取得了"双赢"的效果。另一方面,由于安检项目较为细致,在检查过程中会有脱衣脱鞋等检查项目,专检通道的设立极大地尊重了女性旅客的隐私,让广大女性旅客也更加愿意配合安检工作。

　　资料来源:http://news. carnoc. com/list/343/343812. html

本章小结

　　(1) 安检人员在执勤过程中必须态度和蔼,检查动作规范,使用文明执勤用语。

　　(2) 安检人员在执勤中,应仪容整洁,仪表端正,按照要求规范穿着安检制服。

　　(3) 安检人员在各岗位都要使用对应岗位的安检规范用语。

　　(4) 民航是关系到国家形象的"窗口",如许多外国友人首先是通过接触民航人、感受中国民航的服务来认识中国和中国文化的。所以,民航具有"国家形象大使"的作用。

综合练习

思考题

1. 安检人员的仪容仪表规范有哪些要求？
2. 安检人员在迎送礼方面需要注意哪些事项？
3. 人身检查岗位的规范用语有哪些？

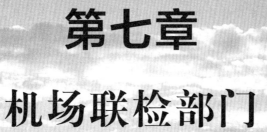

第七章
机场联检部门

本章学习目标

- 理解公安边防部门的主要工作职责,掌握边防检查须知;
- 理解海关的主要工作任务,掌握海关检查须知;
- 理解卫生、动植物检疫的主要任务,掌握卫生、动植物检疫须知。

 **导引案例**

山西焚毁违禁物,杧果、烧鹅、牛奶等不许携带

2017 年 3 月 30 日,泰国的黄色大杧果、中国台湾的金黄色烧鹅、韩国的牛奶等一批禁止入境物品,在山西省太原市武宿国际机场被山西出入境检验检疫局焚毁。据了解,这些物品都在我国禁止携带、邮寄进境的动植物及其产品名录上。

太原市武宿国际机场,杧果、苹果、橘子、猪肉丝、酸奶、肉肠、贡丸等各种食品被穿着防护服的山西出入境检验检疫局的工作人员打包成袋,一袋袋地投入燃烧着熊熊烈火的大锅炉中。据了解,这只是即将销毁的一部分。2017 年,山西出入境检验检疫局即将销毁截获的禁止进境物有火腿、香肠、鸡蛋等动物及动物制品、种子、种苗以及苹果、杧果、香蕉等植物及植物产品等。种子、种苗是植物繁衍材料,具有极高的有害生物风险,如有未经审批的境外植物种苗和种子进境,极有可能将植物疫病、害虫、杂草及其他有害生物传入,威胁国门生物安全。

山西出入境检验检疫局结合近两年专项行动截获趋势,分析进境旅客违规携带水果、种子、种苗、花卉等非法进境规律,针对性开展执法查验;通过强化检疫犬功能培训和邀请系统内 X 光机使用识别专家组织专题讲座,开展旅检专项业务培训;与当地海关、边检、民航等部门合作,对旅客携带物实施"一机双屏"并进行 100% 过机查验。

据了解,山西出入境检验检疫局两年来共截获禁止进境物 5 613 批,其中,植物种子种苗近 57 批次,38.93 千克,包括各类花草、观赏植物种苗,花生、葱、姜、蒜等。在截获物中,检验检疫人员检出有害生物 113 种次,发现大洋臀纹粉蚧、南洋臀纹粉蚧、新菠萝灰粉蚧和巴西豆象等检疫性害虫 24 种次,其中并蛎蚧和双锤盾蚧为我国首次截获的有害生物。

据了解,我国禁止携带、邮寄进境的动植物及其产品名录分为三大类,包括鸟类、牛奶、鲜蛋、燕窝(罐头装燕窝除外)等动物及动物产品类,新鲜水果、种子(苗)等植物及植物产品类,器官组织、血液等其他检疫物类。

资料来源:http://news.carnoc.com/list/397/397711.html

第一节　公安边防检查部门

公安边防检查部门是国家设在对外开放口岸以及特许的进出境口岸的出入境检查管理

机关,是代表国家行使出入境管理职权的职能部门。其任务是维护国家主权、安全和社会秩序,发展国际交往,对一切出入境人员的护照、证件和交通运输工具实施边防检查和管理,实施口岸查控,防止非法出入境。

一、公安边防检查部门主要工作职责

(一) 抵、离口岸人员的出入境检查

公安边防检查部门依据《中华人民共和国出境入境边防检查条例》代表国家行使出入境管理。对外国人、港澳同胞、台湾同胞、海外侨胞,中国公民因公、因私出入境进行严格的证件检查。

(二) 拒绝、阻止出入境

《中华人民共和国出境入境边防检查条例》规定,出境、入境的人员有下列情形之一的,边防检查部门有权阻止其出境、入境:未持出境、入境证件的;持有无效出境、入境证件的;持用他人出境、入境证件的;持用伪造或者涂改的出境、入境证件的;拒绝接受边防检查的;未在限定口岸通行的;国务院公安部门、国家安全部门通知不准出境、入境的;法律、行政法规规定不准出境、入境的。

案例链接 7-1

乘客涂改验讫章出境被阻

2017 年 3 月四川成都边防检查站在执行 OZ324 次(成都—首尔)航班出境边防检查任务时,检查员发现一名小伙所持护照签证页上有不同寻常的印记,经询问得知,小伙单位规定一年只能出国(境)一次,他去年曾想再偷偷出国(境)一次,却因天气原因航班取消,但护照已经盖了出入境验讫章,小伙担心领导责骂,便私自对出入境验讫章进行了覆盖性的涂抹(如图 7-1 所示为涂改后的出入境验讫章),在今年过检时却被细心的边检人员发现。

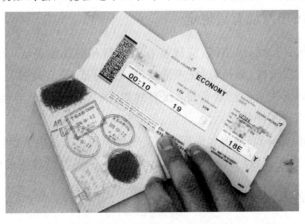

图 7-1　涂改后的出入境验讫章

经成都边检站调查,该余姓旅客所在单位规定所属职工每年只能出国(境)一次。他曾于 2016 年 3 月出境前往澳门,按照其单位规定,在 2016 年度,他已经不能再出国(境)。2016 年 8 月,他在没有经过领导审批的情况下,欲擅自经香港转机前往马尔代夫。到达香港之后,恰遇超强台风"妮妲"影响,香港飞马尔代夫的航班取消,实际未能成行。余某担心领导知情后责备自己,于是对护照上 2016 年 8 月的出入境验讫章进行了覆盖性的涂抹。不曾想,这一行为已经构成了持用变造的出境入境证件出境的违法事实。

依据《中华人民共和国出境入境管理法》相关条款,成都边检站依法对该旅客做出了阻止出境的处罚。

资料来源:http://news. carnoc. com/list/395/395525. html

(三) 交通运输工具的检查

设在我国对外开放的国际机场、港口的公安边防检查部门分别对国际航空器、国际航行船舶等运输工具实施边防检查。办理中外籍交通运输工具的出入境手续;查封、启封外国交通运输工具所携带的枪支、弹药;查验出入境人员的护照、证件;办理出入境或注销加注手续;签发和收缴有关证件。

二、边防检查须知

(一) 旅客办理出入境边检手续有关规定

出入境旅客必须向边防检查站交验本人的有效护照或者其他出境、入境证件,出境旅客需出示所乘航班登机牌,经边防检查站查验核准后,方可出境、入境。

外籍旅客需按规定填写外国人入(出)境登记卡。办理入境边检手续后,边防检查站收存入境卡,本人保留出境卡待出境时使用。持团体签证来华的外籍旅客不需填写外国人入(出)境登记卡。

(二) 中国公民出入境有关规定

内地居民出入境:内地居民出国,应持有有效护照和前往国签证(前往免办签证国家除外);内地居民往来港澳地区,应持有《往来港澳地区通行证》及有效签注;大陆居民往来台湾地区,应持有《大陆居民往来台湾通行证》及有效签注;大陆居民赴港澳台签注为旅游签注("L"签注)的,应随旅游团团体出入境。

港澳居民入出境:凭有效《港澳居民回乡证》或《港澳居民来往内地通行证》办理边检手续。

台湾居民入出境:凭有效《台湾居民来往大陆通行证》及有效签注或居留办理边检手续。

(三) 外国旅客入出境有关规定

外国旅客入出境,除免办签证者外,凭有效护照和中国签证(或永久居留、居留许可)办理边检手续。

旅客在华逾期停留或旅游团入境后因特殊原因需分团的,应到当地公安机关出入境管理部门办理相关手续后再出境。

旅客入境后在华丢失护照的,应向驻华使(领)馆申请护照并到当地公安机关出入境管理部门办理相关手续后再出境。

第二节　海　　关

海关是根据国家法律对进出关、境的运输工具、货物和物品进行监督管理和征收关税的国家行政机关。海关的任务是依照《中华人民共和国海关法》和其他有关法律、法规,监管进出境的运输工具、货物、行李物品、邮递物品和其他物品,征收关税和其他税、费;查缉走私;编制海关统计和办理其他海关业务。

一、海关的主要任务

(一)进出境货物的管理

进口货物自进境起到办结海关手续止,出口货物自向海关申报起到出境止;过境、转运和通运货物自进境起到出境止,应当接受海关监管。

(二)进出境运输工具的管理

进出境运输工具到达或者驶离设立海关的地点时,运输工具负责人应当向海关如实申报,交验单证,接受海关监管和检查。停留在设立海关的地点的进出境运输工具,未经海关同意,不得擅自驶离。

运输工具装卸进出境货物、物品,上下进出境旅客,应当接受海关监管。上下进出境运输工具的人员携带物品的,应当向海关如实申报,接受海关检查。对有走私嫌疑的,海关有权开拆可能藏匿走私货物物品的进出境运输工具的部位。

(三)进出境物品的管理

个人携带进出境的行李物品、邮寄进出境的物品,应当以自用、合理数量为限,接受海关监督。

进出境的所有人应当如实向海关申报,并接受海关查验。海关加施的封志任何人不得擅自开启或者损毁。

进出境邮袋的卸装、转运和过境应当接受海关监管。

(四)关税的征收和减免

准许进出口的货物、进出境的物品,除《海关法》另有规定的外,由海关依照进出口税则征收关税。进出境物品的纳税义务人,应当在物品放行前缴纳税款。部分规定的进口货物、进出境物品减征或免征关税。

二、海关检查须知

(一)旅客通关时应选择正确通道

在海关监管场所,海关设置"申报通道"和"无申报通道"。

进出境旅客没有携带应向海关申报物品的,无须填写《中华人民共和国海关进出境旅客行李物品申报单》(以下称《申报单》),可选择"无申报通道"(又称"绿色通道")通关。

除海关免于监管的人员以及随同成人旅行的 16 周岁以下旅客以外,进出境旅客携带有应向海关申报物品的,须填写《申报单》,向海关书面申报,并选择"申报通道"(又称"红色通道")通关。有不明规定的旅客应主动选择"申报通道"通关并到海关申报柜台进行书面申报,其他任何形式或在其他任何时间、地点所做出的申报形式海关均不视为有效申报。

持有中华人民共和国政府主管部门给予外交、礼遇签证的进出境旅客,通关时应主动向海关出示本人有效证件,海关予以免验礼遇。

(二)旅客需向海关申报的物品范围

个人携带进出境的物品,应当以自用、合理数量为限,超出此范围的应当如实向海关申报。

1. 进境需向海关申报的物品

进境旅客携带有下列物品的,应在《申报单》相应栏目内如实填报,并将有关物品交海关验核,办理有关手续:动、植物及其产品;微生物、生物制品、人体组织、血液制品;居民旅客在境外获取的总值超过人民币 5 000 元(含 5 000 元,下同)的自用物品;非居民旅客拟留在中国境内的总值超过 2 000 元的物品;酒精饮料超过 1 500 毫升(酒精含量 12 度以上);香烟超过 400 支、雪茄超过 100 支或烟丝超过 500 克;人民币现钞超过 20 000 元,或外币现钞折合超过 5 000 美元;分离运输行李、货物、货样、广告品;其他需要向海关申报的物品。

2. 出境需向海关申报的物品

出境旅客携带有下列物品的,应在《申报单》相应栏目内如实填报,并将有关物品交海关验核,办理有关手续:文物、濒危动植物及其制品、生物物种资源、金银等贵重金属;居民旅客需复带进境的单价超过 5 000 元的照相机、摄像机、手提电脑等旅行自用物品;人民币现钞超过 20 000 元或外币现钞折合超过 5 000 美元;货物、货样、广告品;其他需要向海关申报的物品。

(三)中华人民共和国禁止进出境物品

若旅客携带《中华人民共和国禁止进出境物品表》所列物品进出境,予以没收或责令退回,或者在海关监管下予以销毁,情节严重者将追究刑事责任。

1. 禁止进境物品

各种武器、仿真武器、弹药及爆炸物品;伪造的货币及伪造的有价证券;对中国政治、经济、文化、道德有害的印刷品、胶卷、照片、唱片、影片、录音带、录像带、计算机存储介质及其他物品;各种烈性毒药;鸦片、吗啡、海洛因、大麻以及其他能使人成瘾的麻醉品、精神药物;新鲜水果、茄科蔬菜、活动物(犬、猫除外)、动物产品、动植物病原体和害虫及其他有害生物、动物尸体、土壤、转基因生物材料、动植物疫情流行的国家和地区的有关动植物及其产品和其他应检物;有碍人畜健康的、来自疫区的以及其他能传播疾病的食品、药品或其他物品。

2. 禁止出境物品

列入禁止进境范围的所有物品;内容涉及国家秘密的手稿、印刷品、胶卷、照片、唱片、影片、录音带、录像带、计算机存储介质及其他物品;珍贵文物及其他禁止出境的文物;濒危的和珍贵的动植物(均含标本)及其种子和繁殖材料。

(四)旅客接受海关查验注意事项

进出境物品的所有人应配合接受海关查验。

查验进出境旅客行李物品的时间和场所,由海关指定。海关查验行李物品时,物品所有人应当到场并负责物品的搬移、开拆和重封物品的包装。

查验时,请旅客主动出示有效身份证件,以便海关确定旅客身份和物品验放标准。

违反海关规定,逃避海关监管,携带国家禁止、限制进出境或者依法应当缴纳税款的货物、物品进出境的,海关将依据《中华人民共和国海关法》和《中华人民共和国海关行政处罚实施条例》予以处罚。

(五)其他规定

海关对进出境行李物品加施的封志,任何人不得擅自开启或损毁。

经海关核准登记准予暂时进出境的物品,须由本人在本次复带出境或进境。

旅客以分离运输方式运进行李物品,应当在进境时向海关申报。

居民旅客返程出境时,如需要选择"申报通道"通关,可在其原进境时填写并经海关批注和签章的《申报单》上出境栏目内填写相关内容,或者另填写一份《申报单》,向海关办理出境申报手续。居民旅客回程进境时,如需要选择"申报通道"通关,可在其原出境时填写并经海关批注和签章的《申报单》上进境栏目内填写相关内容,或者另填写一份《申报单》,向海关办理进境申报手续。

案例链接 7-2

首都机场男员工帮人走私犀牛角获刑6年

女子蔡亦蓉从国外走私价值226万余元的犀牛角,为了顺利通过首都机场海关的检查,她通过王某(另案处理)介绍找到闫亚清,闫亚清又找到机场工作人员邢军军。邢军军帮忙走内部通道提取托运行李时,被安检部门发现。近日,市高院终审以走私珍贵动物制品罪,判处蔡亦蓉有期徒刑11年,判处闫亚清有期徒刑6年半,判处邢军军有期徒刑6年,并处罚金不等。

内部通道安检时被查出现年58岁的女子蔡亦蓉,出生于上海,自称在南非共和国经商;42岁的女子闫亚清,山西人,2013年因携带禁止进出境物品入境被处以没收物品的行政处罚;29岁的男子邢军军,北京人,案发前为北京空港航空地面服务有限公司员工。

四中院经审理查明,2015年1月8日,被告人蔡亦蓉乘坐某次航班从南非共和国约翰内斯堡市出发,途经中国香港转乘某航班,于2015年1月9日18时许抵达北京首都国际机场(以下简称首都机场)T2航站楼。蔡亦蓉伙同他人,通过王某(另案处理)委托被告人闫亚清,闫亚清又委托北京空港航空地面服务有限公司员工邢军军,提取蔡亦蓉此次行程托运的一个行李箱。

邢军军根据闫亚清向其手机发送的行李箱图片及行李票信息,在T2航站楼国际到港行李提取处提取了该行李箱。邢军军携带该行李箱经过内部通道安检时,首都机场安检部门发现该行李中藏有可疑动物制品。经中华人民共和国濒危物种科学委员会检验,可疑动物制品系现代犀科动物角,净重9.055千克;经中华人民共和国濒危物种进出口管理办公室北京办事处证明,上述现代犀科动物角价值人民币226.375万元。2015年1月10日,邢军军被北京海关缉私局侦查员抓获;2015年1月12日,蔡亦蓉被上海市公安局浦东分局上钢新村派出所民警抓获;2015年2月6日,闫亚清被北京海关缉私局侦查员抓获。涉案犀牛角已被起获并收缴。

四中院认为,被告人蔡亦蓉、闫亚清、邢军军违反海关法规和国家野生动物保护制度,三被告人的行为均已构成走私珍贵动物制品罪,且涉案数额在100万元以上,属于情节特别严重。在共同犯罪中,被告人蔡亦蓉系主犯,被告人闫亚清、邢军军系从犯,依法予以减轻处罚。鉴于蔡亦蓉、闫亚清、邢军军到案后均能如实供述犯罪事实,2016年3月7日,四中院做出一审判决,以走私珍贵动物制品罪,判处被告人蔡亦蓉有期徒刑11年,并处没收财产人民币11万元;判处被告人闫亚清有期徒刑6年6个月,并处罚金人民币6万元;判处被告人邢军军有期徒刑6年,并处罚金人民币6万元。

一审判决后,三被告人认为量刑过重均向市高院提出上诉。上诉理由不成立,终审裁定维持原判,市高院经审理认为,蔡亦蓉所提上诉理由不能成立,法院不予采纳。闫亚清的行为,不仅有在案查处的手机微信记录和音像资料检验报告及同案邢军军的供述证实,且有证人王某等的证言佐证,故闫亚清所提上诉理由及其辩护人所提辩护意见均不能成立。法院还认为,邢军军身为机场工作人员,为获取非法利益,接受他人委托,利用工作之便,提取应受海关监管的行李,共同逃避海关查验,其主观上走私故意明显,依法构成走私共犯,对于走私对象的不明确,不影响对邢军军走私的主观故意的认定。故邢军军所提上诉理由均不能成立。

2016年5月16日,市高院终审裁定驳回三被告人的上诉,维持原判。

资料来源:http://news.carnoc.com/list/348/348528.html

第三节 卫生、动植物检疫

一、卫生、动植物检疫的主要任务

（一）卫生检疫

卫生检疫部门是国家在国境口岸的卫生检疫机关，执行《中华人民共和国国境卫生检疫法》《中华人民共和国食品卫生法》及有关法规，防止传染病由国外传入或由国内传出，保护人体健康。对出入境人员、交通工具、运输设备和可能传播检疫传染病的行李、货物、邮包以及进口食品等实施检疫检验、传染病监测、卫生监督、卫生处理和卫生检验，并为出入境人员办理预防接种，健康体检签发证件，提供国际旅行健康咨询、预防和急救药品等。

1. 卫生检疫查验管理

出入境交通工具和人员必须在最先到达或最后离开的国境口岸指定的地点接受检疫。

2. 传染病检测管理

即对来华定居或居留一年以上的外国人要求提供健康证明，对中国公民出境须提供《健康证明》和《国际预防接种证书》。

3. 卫生监督和卫生处理

对出入境集装箱检疫管理，及进口废旧物品的卫生处理。

4. 进口食品卫生监督检验

对已到达口岸的进口食品，按我国卫生标准和卫生要求检查。若不符合标准根据其检验结果的危害程度，实行退货、销毁、改为他用或其他处理。

（二）动植物检疫

动植物检疫部门是代表国家依法在开放口岸执行进出境动植物检疫、检验、监管的检验机关。根据《中华人民共和国进出境动植物检疫法》规定，负责检疫进出中华人民共和国国境的动植物及其产品和其他检疫物，装载动植物产品和其他检疫物的装载容器、包装物，以及来自动植物疫区的运输工具。

1. 进境检疫管理

对进境检疫的审批及进境检疫物运输工具及其检疫物有明确规定。进口货物到达口岸前或抵达口岸时，须在入境口岸动植物检疫局办理报检手续。

2. 出境检疫管理

货主或代理人在动植物及其产品和其他检疫物出境前，须向动植物检疫局办理报检手续，经检验合格方可出境。

3. 携带、邮寄动植物检疫管理

入境旅客及交通工具员工携带或托运的动植物及其产品和其他检疫物,应按照《检疫法》规定,在入境时应申报并接受口岸动植物检疫机关检疫。

邮寄进境的植物种子、繁殖材料、生物物品等邮件,应事先办理进境检疫审批手续,检疫合格后交邮局转递。未经检疫邮局不得运递。

4. 运输工具检疫

《检疫法》规定,来自疫区的船舶、飞机、火车到达口岸时,由口岸动植物机关实施检疫。装载出境的动植物及产品和其他检疫的运输工具,应符合防疫规定。

二、检验检疫须知

(一)禁止携带入境的物品

人血及其制品;水果、辣椒、茄子、西红柿;动物尸体以及标本;土壤;动植物病原体、害虫以及其他有害生物;活动物(伴侣犬、猫除外)以及动物精液、受精卵、胚胎等遗传物质;蛋、皮张、鬃毛类、蹄骨角类、油脂类、动物肉类(含脏器类)及其制品,鲜奶、奶酪、黄油、奶油、乳清粉、蚕蛹、蚕卵,动物血液及其制品,水生动物产品;转基因生物材料;废旧服装。

如携带上述物品,应主动交由检验检疫官员处理或投放到检验检疫处理箱内。

(二)允许带入但需申报检验的物品

种子、苗木及其他繁殖材料、烟叶、粮谷、豆类(入境前需事先办理检验审批手续);鲜花、切花、干花;植物性样品、展品、标本;干果、干菜、腌制蔬菜、冷冻蔬菜;竹、藤、柳、草、木制品;犬、猫(伴侣动物,每人限带一只,需持有狂犬病免疫证书以及出发地所在国或地区官方检疫机构出境的检疫证书,入境后需在检验检疫机构指定的地点隔离检疫30天);特许进口的人类血液及制品、微生物、人体组织以及生物制品。

如携带上述物品,应主动向检验检疫机关申报并接受检疫。

案例链接 7-3

广西口岸截获有害生物呈增长态势

广西出入境检验检疫局2017年1月17日向媒体披露,2016年该部门截获禁止进境物品9 332批次、重量1.97万千克,批次同比增加19.52%;检出有害生物132种3 156次,次数同比增加17.1%,其中多种有害生物属中国口岸首次截获。截获禁止进境物品、检出有害生物的批次均呈增长态势。

广西出入境检验检疫局动植检处负责人介绍,广西面对东盟枢纽,东盟地处热带、亚热带,动植物资源丰富,植物有害生物种类繁多,据资料显示,仅东盟10国就有105种属于中国禁止入境的检疫性有害生物。

当前,广西已实现与东盟十国航线全覆盖,形成"东盟国家通"空中网络格局。随着国际交往日益频繁,出入境旅客逐年增多,各口岸防止境外疫情传入的风险也在不断加大。

广西出入境检验检疫局动植检处负责人表示,2016 年,广西各口岸检出外来有害生物132 种 3 156 次,主要有果实蝇属、四纹豆象、新菠萝灰粉蚧、大洋臀纹粉蚧、南洋臀纹粉蚧、桔小实蝇等,其中检疫性有害生物 17 种 1 536 次,次数同比增加 19.2%,在南宁机场口岸截获的锹型好斗食蕈甲、亚带宽菌甲、噬菌毒甲属中国口岸首次截获。

该负责人介绍,上述有害生物一旦传入,将对中国生态环境和农林业生产安全带来极大的风险。为此,检验检疫部门在开展风险分析的基础上,加强了重点地区、重点产品(新鲜水果)的检疫查验,提高有害生物专业鉴定能力;加大宣传力度,让旅客更广泛地了解出入境携带物的法律法规,提升法律意识;完善"人—机—犬"立体查验模式。

据悉,自 2012 年广西在南宁、桂林国际机场口岸启用检疫犬上岗作业以来,"人—机—犬"立体查验模式运行良好,在旅客携带物查获、疫情检出以及宣传出入境动植物检疫法律法规等方面取得很好的效果。仅 2016 年,检疫犬截获旅客违禁物品 268 批次、重量 460 千克,检出有害生物达 43 批次。

资料来源:http://news. carnoc. com/list/388/388269. html

本章小结

(1) 公安边防检查部门依据《中华人民共和国出境入境边防检查条例》代表国家行使出入境管理。对外国人、港澳同胞、台湾同胞、海外侨胞、中国公民因公、因私出入境进行严格的证件检查。

(2) 在海关监管场所,海关设置"申报通道"和"无申报通道"。个人携带进出境的物品,应当以自用、合理数量为限,超出此范围的应当如实向海关申报。

(3) 卫生检疫部门是国家在国境口岸的卫生检疫机关,防止传染病由国外传入或由国内传出,保护人体健康。动植物检疫部门是代表国家依法在开放口岸执行进出境动植物检疫、检验、监管的检验机关。

综合练习

思考题

1. 机场联检部门有哪些?
2. 公安边防检查部门的主要工作职责是什么?
3. 简述海关的主要任务。
4. 允许带入但需申报检验的物品包括哪些?

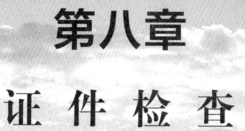

第八章

证件检查

本章学习目标

- 了解二代居民身份证的式样、登记内容及使用规定；
- 了解机场控制区通行证件的种类及使用范围；
- 掌握证件检查的程序及方法；
- 掌握识别涂改、伪造、变造证件及冒名顶替证件的方法；
- 掌握发现查控对象时的处理方法。

 **导引案例**

冒用弟弟身份证乘机被查出

2017年3月5日7时，大连机场安全检查站工作人员在执勤验证岗位时，验证台前翟姓旅客引起工作人员的怀疑。该名旅客经多次人脸仪器识别均显示未通过，工作人员便按程序向该旅客询问其身份证信息，翟某回答流畅，并向安检员解释因为自己的身份证即将过期，照片年数较长，所以与现在的相貌有一定出入，翟某回答问题时神情淡定。经安检员仔细辨认发现虽然该名旅客的相貌与身份证上照片有一定的相似度，但却并不是一个人，工作人员立即对该旅客身份进行进一步核实。

最终在翟某行李中发现一张银行卡，卡上姓名与旅客所持身份证上姓名不符。经进一步问询，翟某最终承认他是冒用其弟弟的身份证进行乘机。

资料来源：http://news.carnoc.com/list/394/394471.html

第一节 身份证的识别

一、二代身份证的式样、登记内容及使用规定

（一）第二代居民身份证件的式样

第二代居民身份证采用专用非接触式集成电路芯片制成卡式证件，规格为85.6mm×54mm×1.0mm（长×宽×厚）。以"万里长城"为背景图案的主标志物，代表中华人民共和国长治久安，远山的背景增强了长城图案的纵深感，图案以点线构成；国徽庄严醒目，配以"中华人民共和国居民身份证"名称，明确表达了主题。证件清新、淡雅、淳朴、大方。

证件正面（如图8-1所示）印有：采用彩虹扭索花纹（也称底纹），颜色从浅蓝色至浅粉红色再至浅蓝色的顺序排列，颜色衔接处相互融合，自然过渡。"国徽"图案在证件正面左上方突出位置，颜色为红色；中华人民共和国居民身份证的证件名称分两行排列于"国徽"图案右侧证件上方位置；以点画线构成的浅蓝灰色写意"长城"图案位于国徽和证件名称下方证件

版面中心偏下位置;有效期限和签发机关两个项目位于证件下方。

图 8-1　二代证件正面

证件背面(如图 8-2 所示)印有:与正面相同的彩虹扭索花纹,颜色与正面相同;姓名、性别、民族、出生日期、常住户口所在地住址、公民身份证号码和本人相片 7 个项目及持证人相关信息;定向光变色的"长城"图案位于性别项目的位置,光变光存储的"中国 CHINA"字符位于相片与公民身份证号码项目之间的位置。

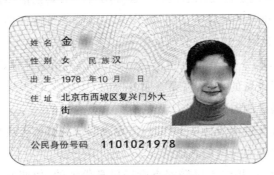

图 8-2　二代证件背面

少数民族证件(如图 8-3 所示)采用汉字与少数民族文字。根据少数民族文字书写特点,采用少数民族文字的证件有两种排版格式。一种是同时使用汉字和蒙文的证件,蒙文在前,汉字在后;另一种是同时使用汉字和其他少数民族文字(如藏、壮、维、朝鲜文等)的排版格式,少数民族文字在上,汉字在下。

图 8-3　少数民族身份证件

（二）二代身份证的登记内容

第二代居民身份证具备视读与机读两种功能。视读、机读的内容共有 9 项：姓名、性别、民族、出生日期、常住户口所在住址、公民身份证号码、本人相片、证件的有效期限和签发机关。

（三）使用和查验二代身份证的规定

公民从事有关活动，需要证明身份的，有权使用居民身份证证明身份，有关单位及其工作人员不得拒绝。有下列情形之一的，公民应当出示居民身份证证明身份：

（1）常住户口登记项目变更。

（2）兵役登记。

（3）婚姻登记、收养登记。

（4）申请办理出境手续。

（5）法律、行政法规规定需要用居民身份证证明身份的其他情形。

依照《中华人民共和国居民身份证法》规定未取得居民身份证的公民，从事以上规定的有关活动，可以使用符合国家规定的其他证明方式证明身份。

人民警察依法执行职务，遇有下列情形之一的，经出示执法证件，可以查验居民身份证：

（1）对有违法犯罪嫌疑的人员，需要查明身份的。

（2）依法实施现场管制时，需要查明现场有关人员身份的。

（3）发生严重危害社会治安突发事件时，需要查明现场有关人员身份的。

（4）法律规定需要查明身份的其他情形。

对上述所列情形之一，拒绝人民警察查验居民身份证的，依照有关法律规定，分不同情形，采取措施予以处理。

任何组织或者个人，不得扣押居民身份证。但是，公安机关依照《中华人民共和国刑事诉讼法》执行监视居住强制措施的情形除外。

公民在使用居民身份证时，有下列情况的，由公安机关处二百元以上一千元以下罚款，或者处十日以下拘留，有违法所得的，没收违法所得：

（1）冒用他人居民身份证或者使用骗领的居民身份证的。

（2）购买、出售、使用伪造、变造的居民身份证的。

二、第二代居民身份证的一般识别方法

针对第二代居民身份证采用的直观和数字防伪措施，有关部门或个人在对居民身份证进行查验或检查时，可以采用以下 7 种方法（如图 8-4 所示）：

（1）核对相片。判别证件照片与持证人的一致性。

（2）彩虹印刷。居民身份证底纹采用彩虹、精细、微缩印刷方式制作，颜色衔接处相互融合自然过渡，颜色变化部分没有接口。

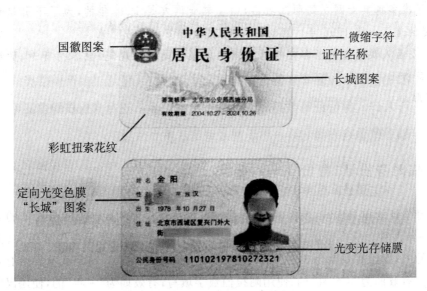

图 8-4 二代身份证识别方法

（3）查看底纹中微缩文字字符串。使用放大镜（10 倍及以上）观测。

（4）使用紫外灯光观测荧光印刷的"长城"图案。

（5）查看定向光变色的"长城"图案。自然光条件下，垂直观察看不到图案，和法线（垂直于图案平面的直线）成较大夹角时，方能看到；在正常位置观察，图案反射光颜色为橘红色；当图案绕法线方向顺时针或逆时针旋转 30～50 度时，图案反射光颜色为绿色；当旋转 70～90 度时，图案反射光颜色为紫色。

（6）查看光变光存储"中国 CHINA"字符。可观测到"中国 CHINA"字样，字符串周围有渐变花纹，外观呈椭圆形。

（7）通过专业证件阅读器读取存储在证件芯片内的机读信息，并进行解密运算处理后，自动判别其真伪。若读取的信息是合法写入的，则专业证件阅读器显示（或送出）所读取的信息；若读取的信息是非法写入或被窜改，则专业证件阅读器只显示（或送出）信息有误的提示。

案例链接 8-1

男子约女网友旅游，持假身份证坐飞机露馅！

如今，网络为人们的生活提供了极大的便利，网络交友也已流行开来，随着各种手机交友软件层出不穷，在为广大青年朋友提供交友平台的同时，也为那些有非交友目的的不法分子提供了寄生空间。2016 年 11 月 14 日早上 6 点 30 分左右，在广州白云国际机场国内安检 4 号通道，一男子持假身份证乘机在广州白云机场被查获。

早上 6 点 30 分左右，安检员在对一男子进行证件查验时，发现男子所持的证件存在异常，便立即请示值班领导，在对其证件核查时，男子仍不承认，并告知安检员，其所持的证件是其父母在当地派出所办理的"真"身份证。在安检员的再三追问下，男子不得不如实相告，原来该男子准备携其女网友到丽江旅游,由于其女网友是 1996 年的,为了不引起女网友的怀疑,其便伪造了一张 1995 年的身份证,没曾想会被安检员查出来。

随后,安检人员将该男子移交机场派出所。根据民航法规定,旅客持变造、伪造或冒用他人居民身份证件乘机是违法行为。

资料来源:http://news.carnoc.com/list/377/377839.html

三、临时身份证、身份证明的要素

临时身份证为单页卡式,规格、登记项目均与居民身份证相同。临时身份证的有效期为 3 个月和一年两种。应申领居民身份证而尚未领到证件的人和居民身份证丢失、损坏未补领到证件的人,发给有效期为 3 个月的证件;16 周岁以上常住人口待定人员发给有效期为一年的证件。有效期为"3 个月"的,使用阿拉伯数字填写;有效期为"一年"的,使用汉字填写。

临时身份证的正面印有蓝色的长城烽火台、群山和网纹图案;背面印有黄色的网状图案,并在右下角粘贴印有天安门广场图案的全息胶片标志。矩形全息胶片标志规格约为 12mm×9mm,由拱形环绕的天安门广场、五星和射线组成。图案呈多种光谱色彩,全息胶片标志粘贴在证卡背面右下角,分别距证卡上边和右边为 3mm。

临时身份证明,应贴有本人近期相片,写明姓名、性别、年龄、工作单位(住址)、有效日期,并在相片下方加盖骑缝章。

知识链接 8-1

机票买好了,身份证却丢了,怎么办?

机票买好了,身份证却丢了。经常有旅客遇到这样的麻烦。别着急,在这里我给您提供一些弥补的小办法。

所有年龄段的中国籍国内旅客,如果身份证丢失了,可以到派出所开具临时身份证或者户籍证明,在有效期内这些证明都可以登机。

如果乘机当天您的年龄在 16~60 岁,已经办理过二代身份证,那么您只需在乘飞机当天,提前到机场派出所办理一个临时乘机证明就行。办理的时候需要提供乘机人的二代身份证号码,出示购票时的短信或者行程单。只要身份证信息正常,机场派出所就能给您开具这个证明。需要注意的是,如果您乘机当天已经超过 16 岁,但没有办理过二代身份证,那么机场派出所无法给您开临时乘机证明,你需要到当地派出所办理户籍证明。

如果旅客在 16 岁以下,除了身份证之外,还可以提供乘机人的户口本原件。另外,0~12 岁的小朋友,除了户口本原件外,还可以使用出生证明原件乘机。当然,已经上学的小朋友我们还是建议您使用户口本乘机的!

如果乘机当天旅客年龄已经超过 80 岁,这位旅客可以直接用一代身份证乘机。

如果年龄在 60~79 岁,二代身份证丢失了,可以先拨打机场派出所电话询问是否可以开具临时乘机证明。

以上是一般旅客丢失二代身份证时可以采取的补救措施。如果是现役军人、警察等,证件丢失具体需要咨询当地机场派出所。另外,有效期内的护照,港澳通行证也是可以乘坐飞机的。

资料来源:http://news.carnoc.com/list/342/342097.html

第二节　机场控制区通行证件的识别

一、机场控制区各类通行证件种类

(一)全国民航统一制作的证件

1.空勤登机证

《空勤登机证》(如图8-5所示)适用于全国各民用机场控制区(含军民合用机场的民用部分)。

图8-5　空勤登机证

空勤人员执行飞行任务时,需着空勤制服(因工作需要着其他服装的除外),佩带《空勤登机证》,经过安全检查进入候机隔离区或登机。因临时租用的飞机或借调人员等原因,空勤人员须登上与其登机证适用范围不同的其他航空公司飞机时,机长应主动告之飞机监护人员。

案例链接 8-2

多次冒充乘务员免费坐飞机,无业男子被判刑

24岁的无业人员张某为满足他的虚荣心冒充飞行员,伪造航空证件,身穿乘务员的假制服,多次骗过北京首都国际机场的安检登上飞机。近日,北京市朝阳区人民法院以伪造国

家机关证件罪判处其有期徒刑 1 年 6 个月。

张某大学毕业后一直无业,为了满足自己的虚荣心,他一直对父母和亲戚谎称自己在中国国际航空股份有限公司(Air China Ltd.,以下简称"国航")当乘务员。2005 年 4 月至 2007 年初,张某身穿假的国航乘务员制服,佩戴着假的航空空勤人员证件,以国航乘务员的身份,多次进入北京首都国际机场及其他外地机场隔离区,并多次成功逃脱检查,上了飞机。2007 年 8 月 17 日,他带领他人持伪造的空勤登机证,欲进入北京首都国际机场隔离区购买免税商品时被查获。警方在其住处起获其伪造的中国民用航空总局(现中国民用航空局)、国航公章、国航乘务员制式手提箱、男女式相关制服、飞行员肩牌等物品。

资料来源:http://news.carnoc.com/list/104/104721.html

2. 公务乘机通行证

公务乘机通行证全称《中国民航公务乘机通行证》(如图 8-6 所示),1998 年 3 月 1 日启用,由中国民用航空局公安局(以下简称民航局公安局)统一制作,由民航局公安局、民航地区管理局公安局、中国民用航空飞行学院(以下简称飞行学院)公安局管理和签发。飞行人员、乘务人员、安保人员、监察人员、航卫人员、执行飞行排故、跟班放行任务的机务维修人员,参与航线实习的航务、签派、管制、航空情报、气象预报人员执行任务时,可申请办理公务乘机通行证。

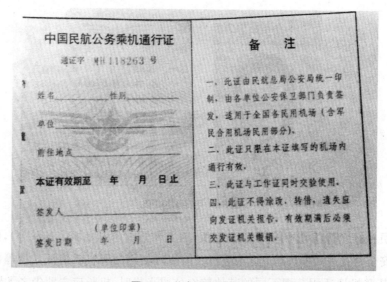

图 8-6 公务乘机通行证

通行证上有姓名、性别、单位、职务、身份证号、前往地点、使用期限、事由、签发人意见、签发日期、注意事项等项目。签发公务乘机通行证应当打印或用蓝黑、碳素墨水笔手工填写,字迹工整,不得涂改,"骑缝章"和"单位印章"处加盖签发单位印章。

每张公务乘机通行证仅向 1 人签发,有效期一般为 7 日,特殊情况最长不得超过 1 个月,前往地最多填写 4 个,应当用大写数字表明地点数目。通行证只限在证件"前往地"栏内填写的机场适用。

持证人员进入机场控制区时,应当持公务乘机通行证、本人有效居民身份证和任务书(所在单位证明函或监察员证件),在指定通道接受安全检查。机场安检人员应当在公务乘机通行证上用钢笔或圆珠笔标注查验日期,并在标注的日期上加盖安全检查验讫章。

3. 航空安全员执照

航空安全员执照(如图 8-7 所示)由民航局公安局统一制发,只适用于专职航空安全员,适用范围与空勤登机证相同。

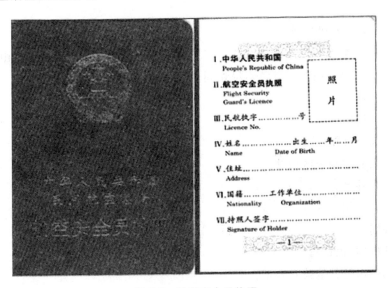

图 8-7 航空安全员执照

4. 特别工作证

特别工作证全称《中国民用航空总局特别工作证》(如图 8-8 所示),由民航局公安局制发和管理。特别工作证持有者可免检进入全国各民用机场控制区、隔离区或登机(不代替机票乘机)检查工作。进入上述区域时,要主动出示证件。

图 8-8 特别工作证

（二）民航各机场制作的证件

民航各机场制作的证件是根据管理的需要,由所在机场制发的有不同用途和使用范围的证件。从时限上可分为长期、临时和一次性证件;从使用范围上可分为通用、客机坪、候机楼隔离区、国际联检区等区域性证件;从使用人员上可划分为民航工作人员、联检单位工作人员和外部人员等。

这些证件不论怎样划分,在外观颜色上、规格上可能各有区别,但其内容各要素不会有大的区别。

1. 民航工作人员通行证

这是因工作需要发给民航内部工作人员进出某些控制区域的通行凭证,由所在机场统一制发和管理,证件外观式样、颜色不尽相同,但必须具备以下项目:

（1）机场名称。

（2）持证人近期照片。

（3）有效起止日期。

（4）可进入的控制区区域。

（5）持证人姓名。

（6）持证人单位。

（7）证件编号。

（8）发证机构（盖章）。

（9）防伪标识等其他技术要求。

证件背面应有说明,允许通行和到达的区域一般分为国内候机隔离区、国际候机隔离区、联检厅、抵离区、客机坪、客舱、货舱、货运区、维修区、贵宾区等。

2. 联检单位人员通行证

此证适用于对外开放的有国际航班的机场,主要发给在机场工作的联检单位的有关工作人员,这些单位一般是:海关、公安边防、卫生检疫、动植物检疫、口岸办、出入境管理部门等。

此证由所在机场制发和管理,其使用范围一般只限于与持证人工作相关的区域。证件的外观式样与项目内容各机场不尽相同,内容要素与前面所讲的"工作人员通行证"相同。

3. 外部人员通行证

使用人员为因工作需要进入机场有关区域的民航以外的有关单位的工作人员。这类证件又分为"专用"和"临时"两种,专用证有持证人照片,临时证无持证人照片,专用证的登记项目内容与前面所说证件相同。临时证则没有那么多内容,但必须有允许到达的区域标记,此证一般与本人身份证同时使用。持外部人员通行证者,必须经安全检查后方可进入隔离区、客机坪。

4. 专机工作证

专机工作证由民航公安机关制发。专机工作证一般为一次性有效证件,发给与本次专机任务有关的领导、警卫、服务等有关工作人员。凭专机工作证可免检进入本次专机任务相关的工作区域。

专机工作证的式样、颜色不一,但应具备以下基本内容和要素:"专机工作证"字样、专机任务的代号、证件编号、颁发单位印章、有效日期等。专机工作证的颜色应明显区分于本机场其他通行证件的颜色,以便于警卫人员识别。

5. 包机工作证

包机工作证由民航公安机关制发和管理。发给与航空公司包机业务有关的人员,持证人凭证可进入包机工作相关的区域。证件内容根据使用时间长短而定,短期的应贴有持证人照片,一次性的可免贴照片。

(三)其他人员通行证件

1. 押运证

押运证有多种式样和形式,此证主要适用于有押运任务的单位和负责押运的工作人员。

担负机要文件、包机和特殊货物押运任务的人员,在飞机到达站或中途站时,可凭押运证在客机坪监卸和看管所押运的货物。

2. 军事运输通行证

以有军事运输任务的机场公安机关颁发的证件为准,使用人员为与军事运输工作相关的人员,可凭证到达与军事运输相关的区域,此证应注明持证人单位、姓名、有效期限并加盖签发单位印章。

3. 侦察证

侦察证全称为《中华人民共和国国家安全部侦察证》,由国家安全部统一制作、签发,全国通用。侦察证式样为:封面为红色,上部印有由盾牌、五角星、短剑及"国家安全"字样组成的徽章图案,下部印有"中华人民共和国国家安全部侦察证"字样;封二印有持证人照片、姓名、性别、职务、单位、签发机关、国家安全部印章、编号;封三印有持证者依法可以行使的职权。

国家安全机关的工作人员,因工作需要进出当地机场隔离区、停机坪时,凭机场通行证件通行。在外地执行任务时凭省、自治区、直辖市国家安全机关介绍信(国家安全部机关凭局级单位介绍信)和《侦察证》进入上述区域。

国家安全机关的工作人员持侦察证乘机执行任务时,机场安检部门按正常安检程序对其实施安全检查。

(四)车辆通行证

凡进入机场控制区的车辆都必须持有专用的通行证件。各机场的车辆通行证件式样不尽相同,但一般应具备以下基本内容和要素:

(1)机场名称。

(2)车辆类型及牌号。

（3）有效起止日期。

（4）可进入的控制区区域。

（5）准许通行的道口。

（6）车辆使用单位。

（7）证件编号。

（8）发证机构。

（9）其他技术要求。

二、机场控制区通行证件的使用范围

机场控制区通行证件一般分为人员证件和车辆通行证件。人员证件分为全民航统一制作的人员证件、各机场制作的人员证件以及其他通行证件。

全民航统一制作的人员证件包括：空勤登机证、航空安全员执照、公务乘机通行证、特别工作证。

空勤登机证、航空安全员执照适用于全国各民用机场控制区（含军民合用机场的民用部分），登机时，只允许登本航空公司的飞机，注有"民航"二字的适用于各航空公司的飞机。

公务乘机通行证只限在证件"前往地"栏内填写的机场适用。

中国民用航空局特别工作证可免检进入全国各民用机场控制、隔离区或登机检查工作（不代表机票乘机）。

民航工作人员通行证是发给民航内部工作人员因工作需要进出某些控制区域的通行凭证，其适用范围一般在证件上有注明。

车辆通行证由机场公安机关根据其任务确定其使用区域。

第三节　其他乘机有效证件的识别

一、乘机有效身份证件的种类

按照公安部、民航局有关规定，乘机有效证件可归纳为四大类：居民身份证件、军人类证件、护照类证件和其他可以乘机的有效证件。

（一）居民身份证件

国内大陆地区的居民身份证和临时居民身份证。

（二）军人类证件

军官证、武警警官证、士兵证、军队文职干部证、军队离（退）休干部证、军队职工证、军队学员证。

（三）护照类证件

护照、港澳居民来往内地通行证、中华人民共和国往来港澳通行证、台湾居民往来大陆通行证、大陆居民往来台湾通行证、外国人居留证、外国人出入境证、外交官证、领事官证、海员证等。

（四）其他可以乘机的有效证件

（1）本届全国人大代表证、全国政协委员证。

（2）出席全国或省、自治区、直辖市的党代会、人代会、政协会，工、青、妇代表会和劳模会的代表，凭所属县、团级（含）以上党政军主管部门出具的临时身份证明。

（3）旅客的居民身份证在户籍所在地以外被盗或丢失的，凭案发、报失地公安机关出具的临时身份证明。

（4）年龄已高的老人（按法定退休年龄掌握），凭接待单位、本人原工作单位或子女、配偶工作单位［必须是县、团级（含）以上单位］出具的临时身份证明。

（5）十六岁以下未成年人凭学生证、户口簿或者户口所在地公安机关出具的身份证明等。

案例链接 8-3

<hr>

带婴儿乘机没带户口本，全家人无奈办改签

"我儿子刚出生 14 天，我抱着就行不占座位，还用购买机票吗？"近日，一名出生 14 天婴儿的家长由于没有为孩子购买婴儿机票，且没有携带相关证件，导致一家人机票全部改签。

2016 年 7 月 14 日 11 时许，市民刘娜（化名）准备带着父母和 14 天大的儿子去北京参加婚礼。刘娜认为，孩子出生只有 14 天，乘坐客车、火车都不需要买票，自己抱着孩子并不占座位，不用购买机票了。没想到，在过安检时被机场工作人员提示，她需要给婴儿购买婴儿票。此时，刘娜既没有给儿子办理户口，也没有携带儿子的出生证明，因此无法购票，无奈，刘娜全家办理了机票改签手续。

机场警方提醒旅客：根据相关规定，满 2 周岁以上的健康婴儿才可以坐飞机座位，出生 14 天～2 周岁的婴儿需要购买婴儿机票。婴儿票大约是成人票价的十分之一，不需要交机场建设费，不占座位，需要大人抱着乘机。购买婴儿飞机票的旅客应提供婴儿年龄的证件，如《出生医学证明》、户口本等。

资料来源：http://news.carnoc.com/list/356/356431.html

<hr>

二、护照的种类

（1）中国护照（如图 8-9 所示）：外交护照（封皮红色），公务护照（封皮墨绿色），因公普通

护照(封皮深棕色),因私普通护照(封皮红棕色)。

图 8-9　护照的各种样式

（2）外国护照：外交护照,公务护照,普通护照等。

案例链接 8-4

女子过边检神色慌张,原为隐瞒出境游涂改护照

国庆假期选择出入境游的人也不少,陕西省公安边防总队的边检警官忙而不乱,丝毫没有放松对出入境人员的检查工作,2016 年 10 月 2 日,在对飞往韩国首尔的一趟航班进行例行检查时,他们发现了异常。

10 月 2 日上午,在西安咸阳国际机场,由西安准备飞往首尔的旅客们正在有序地进行例行检查,一位二十多岁的女性面带笑容地走到检查员面前将护照递给了检查员,可是不知道什么原因检查员在检查她的证件时,时间比其他旅客的都要长,而此时这位女士的面部表情也不像之前那么轻松。

陕西省公安边防总队执勤业务六科检查员赵浩说:"我们在对这名女性旅客的护照进行检查时,该旅客表情紧张举止怪异,所以我们就觉得,她的护照可能会有问题。"

这名女性旅客的护照盖有很多国家的验讫章,细心的检察人员发现其中一枚红色印章有些异样。

陕西省公安边防总队执勤业务六科检查员赵浩说:"在其护照内发现一枚中国验讫章模糊不清,不像是我们平时盖章子盖花了的情况,应该是人为拿红笔刻意涂改。"

随后检查员将这名女性旅客带到一旁的办公室询问情况,这名女性旅客很快承认验讫章是自己更改的,更改的原因是不想让家人知道她曾经去过越南旅游。根据《中华人民共和国出境入境管理法》相关规定,陕西省公安边防总队边检警察对这名旅客的护照进行了收缴并对她本人依法做出了处罚。

资料来源:http://news.carnoc.com/list/370/370731.html

三、部队证件的种类

(1) 中国人民解放军军官证(如图 8-10 所示):外观为红色人造革外套,封面正上方印有烫金的五角星,五角星下方为"中国人民解放军军官证"烫金字样,最下方印有"中华人民共和国中央军事委员会"字样。

图 8-10　中国人民解放军军官证

军官证内芯内容分别为:相片、编号、发证机关、发证时间、姓名、出生年月、性别、籍贯、民族、部别、职务、军衔等。

(2) 中国人民武装警察部队警官证:外观为深蓝色人造革外套。证件上方正中为烫金的警徽,警徽下为烫金的"中国人民武装警察部队警官证"字样,最下方是烫金的"中华人民共和国中央军事委员会"字样。

警官证内芯内容除增加了"有效期"和改"军衔"为"衔级"外,其他内容和填写要求等都与军官证相同。

(3) 中国人民解放军士兵证(如图 8-11 所示):士兵证外套为油绿色人造革,证件上方正中为烫金五角星,在五角星下方有烫金的"中国人民解放军士兵证"字样,最下方为烫金的"中华人民共和国中央军事委员会"字样。

图 8-11　中国人民解放军士兵证

证件内芯填写持证人姓名、性别、民族、籍贯、入伍年月、年龄、部别、职务、军衔、发证机关、发证日期及证件编号(一律用阿拉伯数字填写),贴持证人近期着军衔服装的一寸正面免冠照片,加盖团以上单位代号钢印。

(4) 中国人民武装警察部队士兵证(如图 8-12 所示):外套为红色人造革,证件中央正上方为烫金的警徽,警徽下为烫金的"士兵证"字样,最下方为烫金的"中国人民武装警察部队"字样。

其内芯各登记项目与解放军士兵证的内容相同。

（5）中国人民解放军文职干部证（如图 8-13 所示）：文职干部证外套封面为红色人造革，正上方为烫金的五角星，下方为烫金的"中国人民解放军文职干部证"字样，最下方为烫金的"中华人民共和国中央军事委员会"的字样。

文职干部证内芯的登记项目为：照片、编号、发证时间、姓名、出生年月、性别、籍贯、民族、部别、职务、备注等内容。

（6）军队离休干部证（如图 8-14 所示）：外观为红色人造革封面，正中上方为烫金的"中国人民解放军离休干部荣誉证"字样，下方为烫金的五角星，最下方有烫金的"中华人民共和国中央军事委员会"字样。

证件内芯登记项目和内容分别为：照片、编号、发证日期、姓名、性别、民族、籍贯、出生年月、入伍（参加革命工作）时间、原部队职别、离休时军衔、专业技术等级、现职级待遇、批准离休单位、批准离休时间、安置单位等。

图 8-12　中国人民武装　　　图 8-13　中国人民解放军　　　图 8-14　军队离休干部证
警察部队士兵证　　　　　　　　文职干部证

（7）军官退休证（如图 8-15 所示）：外观为红色人造革，上方正中为烫金的"中国人民解放军军官退休证"字样，下方为烫金的五角星，最下方为烫金的"中华人民共和国中央军事委员会"字样。

图 8-15　军官退休证

证件内芯的登记项目分别为：照片、编号、发证日期、姓名、性别、民族、出生年月、籍贯、参加工作时间、入伍时间、原部队职别、原军衔、专业技术等级、批准退休单位、批准退休时间、安置单位等项目。

（8）中国人民解放军职工工作证：封面为红色人造革，正上方有烫金的五角星，下方为烫金的"职工工作证"字样。

职工证内芯登记项目分别为：照片、编号、发证机关、发证时间、姓名、籍贯、性别、出生年月、民族、工作单位、职务、身份证号等。

（9）军队学员证：解放军学员证和武警学员证分别为在校学习的解放军院校和武装部队院校学员的身份证件。外表规格式样不尽相同，但其证件的内容、登记项目应具备的要素为：照片、发证机关、编号、发证时间、学年、姓名、性别、民族、籍贯、出生年月、队别、专业，除此之外，还分别有各学年和各学期的登记，并有假期火车优待区间等登记项目，证件最后一页为备注栏。

案例链接 8-5

国航"军人依法优先"柜台获赞

2017年春运伊始，成都双流机场国航值机区域显得繁忙又紧张，每一个柜台前都排满了等候办理值机手续的旅客，而位于S值机岛的S04柜台却只有寥寥几位旅客在排队，为何春运期间在这人潮汹涌的值机大厅却有这么一个"平静的港湾"？走近一看，该柜台屏幕显示着"军人优先柜台，军人依法优先"。原来这是国航西南地服部在行业内率先为乘机出行的军人及同行家属设立的优先柜台（如图8-16所示）。

图 8-16　国航"军人依法优先"柜台

该柜台从2017年1月23日开始正式运行，军人持《军官证》、《文职干部证》、《退休证》、《文职干部退休证》、武警的《警官证》、《士兵证》和军校的《录取通知书》等证件，可同时与3位家属一同优先办理。值机人员会在军人的登机牌及托运行李上粘贴"优先"标识，在前期准备工作中,地服部已与双流机场安检部门协商设立了"军人优先通道",同时,军人也依法享有登机口优先登机的权利,一系列举措,保证了军人旅客从值机柜台—安检口—登机口一条龙式的"绿色通行"。

从1月23日到2月4日,S04"军人依法优先"柜台共为488位军人及其同行旅客提供了服务,深受军人们的欢迎和赞扬。由于该柜台设立不久,当军人们意外发现国航为他们设立的专柜时非常惊喜:"坐飞机这么久,只有国航有军人优先的柜台,真是太暖心了!""火车站、汽车站有军人优先,没想到机场也会有!"

"军人依法优先",特别是那庄严的"依法"二字,表现出国家对军人地位的肯定,社会对军人身份的尊重。不少战士在值机员复核其证件姓名时,都会站姿笔挺,语调高亢地回答一声"到!"你会从他们的眼神里看到感动,也能从语气中听出骄傲。军爱民、民拥军,军民鱼水情在这一尺柜台间温馨地流动。作为载旗航空公司,设立"军人依法优先"柜台,是国航积极承担社会责任、引领行业新风向的表现,国航将全力为"军人依法优先"提供更多便利,温暖军人的出行路。

资料来源:http://news.carnoc.com/list/391/391717.html

第四节　证件检查的程序及方法

一、证件检查的工作准备

(一)验讫章使用管理制度

验讫章实行单独编号、集中管理,落实到各班(组)使用。安检验讫章不得带离工作现场,遇有特殊情况需带离时,必须经安检部门值班领导批准。

(二)证件检查准备工作的实施

(1)验证员应按时到达现场,做好工作前的准备。按以下内容办理交、接班手续:上级的文件、指示;执勤中遇到的问题及处理结果;设备使用情况;遗留问题及需要注意的事项等。

(2)验证员到达验证岗位后,将安检验讫章放在验证台相应的位置。

(3)检查安检信息系统是否处于正常工作状态,并输入ID号进入待检状态。

二、证件检查的程序

(1)人、证对照。验证检查员接证件时,就要注意观察持证人的"五官"特征,再看证件上的照片与持证人"五官"是否相符。

（2）核对"三证"。一是核对证件上的姓名与机票上的姓名是否一致；二是核对机票是否有效，有无涂改痕迹（电子机票无须核对此项）；三是核对登机牌所注航班是否与机票一致；四是查看证件是否有效。

（3）扫描旅客的登机牌，自动采集并存储旅客相关信息，同时查对持证人是否为查控对象。

（4）查验无误后，按规定在登机牌上加盖验讫章放行。

案例链接 8-6

安检提醒：登机牌必须加盖安检验讫章才有效

旅客李小姐因为害怕登机牌丢失引来不必要的麻烦，为保险起见而打印了两张登机牌，但是最终还是给自己的行程带来了不小的麻烦。

2010 年 7 月 16 日上午 8 时，机场值机人员告诉安检，有一位小姐持一张没有加盖安检验讫章的登机牌登机，安检人员及时赶到现场并询问李小姐具体情况，李小姐面对询问道出实情，因为害怕登机牌丢失而自行在家打了一张登机牌，等到达机场后又在值机柜台办理了另外一张登机牌，在登机时经过安检时出示的登机牌不见了，只得用自己的备用登机牌。

李小姐自认万无一失，没想到在登机时必须使用加盖安检验讫章的登机牌，否则不允许登机。为了安全起见，安检人员将李小姐带到安检现场并通过现场监控核实，该旅客确实是拿了另外一张登机牌进行安检的，安检人员才放心帮助李小姐加盖安检章后登机。

安检人员提醒：登机时使用的登机牌必须加盖安检验讫章，旅客在通过安检之后应当妥善保管好自己的登机牌，以免误机。

资料来源：http://news.carnoc.com/list/165/165399.html

三、证件检查的方法

查验证件时应采取检查、观察和询问相结合的方法，具体为一看、二对、三问。

（1）看：就是对证件进行检查，要注意甄别证件的真伪，认真查验证件的外观式样、规格、塑封、暗记、照片、印章、颜色、字体、印刷以及编号、有效期限等主要识别特征是否与规定相符，有无变造、伪造的疑点。对二代身份证件检查时，要注意证件直观和数字防伪等主要特征进行辨别，也可利用专业证件阅读器进行扫描，辨别真伪，注意查验证件有效期是否过期失效。

（2）对：就是观察辨别持证人与证件照片的性别、年龄、相貌特征是否吻合，有无疑点。

（3）问：就是对有疑点的证件，通过简单的询问其"姓名、年龄、出生日期、生肖、单位、住址"等，进一步加以核实。

案例链接 8-7

拿妹妹证件坐飞机，只为报销机票？

身份证赋予每个中华人民共和国公民身份，一张身份证代表了一个人，若冒用了他人的身份证则会触犯到中华人民共和国身份证法。

2016年10月18日，在广州白云国际机场国内B区2号通道就发生了一件冒用他人身份证的事情。天色刚刚暗下来，周女士便拿着她妹妹的身份证匆匆地来到了安检入口，当她出示身份证让验证员进行人证对照的时候，安检员小罗立刻发现了异常，觉得身份证上的女子相貌并非是周女士，于是向班长请示。随后，当班长和中队长经过一番询问之后才得知她冒用的是她妹妹的证件，原因是因为她妹妹的公司能够报销机票所以想着通过妹妹的身份证去买票来节省路程的开支。最后，该名旅客被移交到机场公安机关进行相关检查。

白云安检在此提醒广大旅客：除了身份证，港澳通行证、护照、旅行证等有效证件也可作为有效乘机证件。请广大旅客切莫冒用他人证件，企图蒙混过关，也不要贪一时的便宜，想着去冒用他人的身份证去乘机，给自己带来不可挽回的严重后果。

资料来源：http://news.carnoc.com/list/373/373253.html

四、机场控制区证件的检查方法

查验控制区通行证件，以民用航空主管部门及机场有关文件为准。

全国各机场使用的机场控制区证件代码有所不同，主要用以下几种方式表示不同的区域：

（1）用英文字母（A、B、C、D……）表示允许持证人通过（到达）的区域。

（2）用阿拉伯数字（1，2，3，4……）表示允许持证人通过（到达）的区域。

（3）用中文直接描述允许持证人通过（到达）的区域（如机场控制区、机场隔离区、停机坪等）。

进入机场控制区证件检查的一般方法如下：

（1）看证件外观式样、规格、塑封、印刷、照片是否与规定相符，是否有效。

（2）检查持证人与证件照片是否一致，确定是否持证人本人。

（3）看持证人到达的区域是否与证件限定的范围相符。

（4）如有可疑，可向证件所注的使用单位或持证人本人核问清楚。

（一）对工作人员证件的检查

（1）检查证件外观式样、规格、塑封、印刷、照片是否完好、正常，证件是否有效；检查持证人与证件上的照片是否一致；检查持证人证件的适用区域。

（2）检查完毕，将证件交还持证人。经查验后符合的放行，不符合的拒绝进入。

（二）对机组人员证件的查验

（1）对机组人员需查验空勤登机证，做到人证对应。

（2）对加入机组的人员应查验其《中国民航公务乘机通行证》（加入机组证明信）、有效身份证件或工作证件（或学员证）。

（三）对一次性证件的查验

当持证人进入控制区相关区域时，验证员应查验其所持一次性证件的通行区域权限和日期。具体办法按各机场有关规定执行。

五、验证检查的注意事项

（1）检查中要注意看证件上的有关项目是否有涂改的痕迹。

（2）检查中要注意是否有冒用他人居民身份证件的情况，注意观察持证人的外貌特征是否与证件上的照片相符。发现有可疑情况，应对持证人仔细查问。

（3）查验证件时要注意方法，做到自然大方、态度和蔼、语言得体，以免引起旅客反感。

（4）注意观察旅客穿戴有无异常，如：戴墨镜、戴围巾、戴口罩、戴帽子等有伪装嫌疑的穿着，应让其摘下，以便于准确核对。

（5）应注意工作秩序，集中精力，防止漏验证件或漏盖验讫章。

（6）验证中要注意发现通缉、查控对象。

（7）验证中发现疑点时，要慎重处理，及时报告。

（8）根据机场流量、工作标准以及验证、前传、引导、人身检查岗位的要求适时验放旅客。

第五节　证件检查的情况处置

一、二代居民身份证的防伪措施

（一）直观防伪措施

（1）扭索花纹采用彩虹印刷。

（2）在底纹中隐含有微缩字符。微缩字符由"居民身份证"汉语拼音字头"JMSFZ"组成。

（3）正面写意"长城"图案采用荧光印刷。

（4）背面"长城"图案采用定向光变色膜。

（5）背面"中国 CHINA"字符采用光变光存储膜。

（二）数字防伪措施

证件机读信息进行加密运算处理后存储在证件专用集成电路（芯片）内。

二、涂改证件的识别

在检查中要注意查看证件上的姓名、性别、年龄、签发日期等项目是否有涂改的痕迹。涂改过的证件笔画粗糙、字迹不清、涂改处及周围的纸张因为经过处理可能变薄或留下污损的痕迹。只要仔细观察，涂改证件通常可以用肉眼进行分辨。

案例链接 8-8

男子购机票拼错姓名，因舍不得浪费机票改名

订机票时名字的罗马拼音与证件上的不符会产生很大麻烦，而中国台湾一男子因名字拼错又不想浪费机票，愤而改名。

2017 年 2 月 12 日，中国台湾一名男子购买廉价航空机票时把拼音名"KUANG TING"错拼成了"KUNG TING"，而根据航空公司的规定，名字拼错无法搭机。然而该男子并不想浪费机票，因此把名字改为"官廷"，并在出发前办理好了所有新的证件。根据中国台湾拼音拼写规则，"官廷"的拼音为"KUNG TING"。

2015 年中国台湾地区通过的"姓名条例"规定，因文字不雅、音译过长或其他特殊原因，一生可改名 3 次，而此前为 2 次。中国台湾民众一直以来都流行改名字，只要年满 20 岁，拿着户籍证明和照片，到任意一个户政部门进行变更登记就可以。办理好后，所有证件都跟着改变。户政部门进入身份证件号码识别系统后，就可以看到改名次数、曾用名等一切相关信息。

资料来源：http://news.carnoc.com/list/391/391603.html

三、伪造、变造身份证件的识别

检查中要注意甄别证件的真伪，认真检查证件的外观式样、规格、塑封、印刷和照片等主要识别特征是否与规定相符，有无变造、伪造的疑点。

真证规格统一，图案、暗记齐全清晰；假证规格不一手感较差，图案模糊不清，暗记不清不全。

真证内芯纸质优质、字迹规范、文字与纸张一体；假证内芯纸张质地粗糙、笔画粗糙、字迹不清、排列不齐，文字凸现纸上。

真证印章边缘线宽窄一致、图案清晰、印章中字体大小一致、均匀规范、印油颜色深入纸

张；而假证印章边缘线宽窄不一、图案模糊、印章中字体大小不一、粗细不一、印油颜色不均匀、发散。

对揭换过照片的证件，重贴的照片边缘有明显粘贴痕迹，薄厚不均，因为揭撕原照片时，很容易把照片底部表层纸撕去一部分，造成薄厚不均的现象，用透光检查很容易看到。

在紫光灯下，真的居民身份证的印章显示红色荧光，而伪假证件可能无荧光出现。

四、冒名顶替证件的识别

检查中要注意查处冒名顶替证件的情况。要先看人后看证，注意观察持证人的外貌特征是否与证件上的照片相符，主要观察其五官的轮廓、分布。如耳朵的轮廓、大小；眼睛的距离和大小形状；嘴唇的厚薄和形状，以及面型轮廓，主要是颧骨及下颌骨的轮廓等。发现有可疑情况，应对持证人仔细查问，弄清情况。

第六节　在控人员的查缉与控制

一、查控工作的要求

查控工作是一项政策性较强的工作，是通过公开的检查形式，发现、查缉、控制恐怖分子、预谋劫机分子、刑事犯罪和经济犯罪分子、走私贩毒和其他犯罪分子的一种手段。因此，工作中要认真对待，不能疏忽。

二、发现查控对象时的处理方法

检查中发现查控对象时，应根据不同的查控要求，采取不同的处理方法。

发现通缉的犯罪嫌疑人时，要沉着冷静、不露声色，待其进入安检区后，按预定方案处置，同时报告值班领导，尽快与布控单位取得联系，将嫌疑人移交布控单位时，要做好登记，填写移交清单并双方签字。对同名同姓的旅客在没有十分把握的情况下交公安机关处理。

三、接控的程序和方法

（1）公安、安全部门要求查控时应通过机场公安机关，安检部不直接接控。

（2）接控时，应查验《查控对象通知单》等有效文书，查控通知应具备以下内容和要素：布控手续齐全、查控对象的姓名、性别、所持证件编号、查控的期限和要求、联系单位、联系人及电话号码。

（3）接控后要及时安排布控措施。

（4）如遇特殊、紧急、重大的布控而来不及到民航公安机关办理手续时，安检部门在查验有效手续齐全的情况下可先布控，但应要求布控单位补办民航公安机关的手续。

（5）验证员应熟记在控人员名单和主要特征。

（6）对各类查控对象的查控时间应有明确规定，安检部门要定期对布控通知进行整理，对已超过时限的或已撤控的进行清理。

本章小结

（1）查验证件时应采取检查、观察和询问相结合的方法，具体为一看、二对、三问。

（2）按照公安部、民航局有关规定，乘机有效证件可归纳为四大类：居民身份证件、军人类证件、护照类证件和其他可以乘机的有效证件。

（3）全民航统一制作的证件有：空勤登机证、公务乘机通行证、航空安全员执照、特别工作证。

（4）二代居民身份证的防伪措施有直观防伪措施和数字防伪措施。

综合练习

思考题

1. 简述证件检查的程序和方法。

2. 机场控制区的通行证件有哪些？

3. 简述如何识别伪造、变造证件。

4. 简述二代身份证的防伪措施。

第九章

人身检查

本章学习目标

- 掌握人身检查的重点对象和重点部位；
- 掌握通过式金属探测门和手持金属探测器的测试；
- 掌握手工人身检查的方法和程序；
- 掌握仪器人身检查的方法和程序。

 **导引案例**

假发里藏冰毒，一名女子携毒在大连机场被查扣

大连机场 2017 年 3 月 5 日对外披露，一名女性旅客王某当日携带毒品从大连机场过安检时被拦截（图 9-1 为旅客王某通过假发携带的冰毒）。

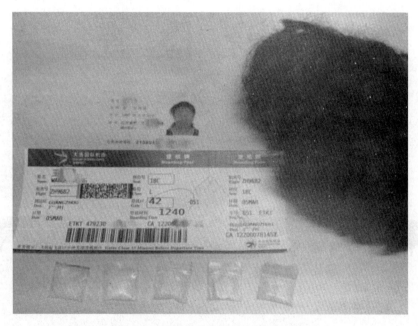

图 9-1　旅客王某通过假发携带冰毒

当日 11 时 52 分，大连机场安检站工作人员在对该机场旅客王某进行人身检查时，发现该旅客头部发髻内有硬物感。机场人员立即询问旅客王某头发内有无物品，王某均回答没有，并一直强调是她带的假发箍的发根，安检工作人员要求其打开假发进行进一步检查。

随后，旅客王某将假发扒开一个小缝隙，通过缝隙，检查员发现假发内有手纸一样的物体，但经过探测器检查，却不发出声响，安检人员立即让旅客将假发取下进行 X 光机检查。

经过 X 光机复检，最终确认该名王姓旅客假发内用手纸包裹了 5 袋冰毒，重约 4 克。工作人员立即将该名旅客与其同行人员带入特殊检查室，对其再次实施严格人身检查后，并移交公安机关进行进一步审理。

资料来源：http://news.carnoc.com/list/394/394553.html

第一节 人身检查概述

一、人身检查的定义

采用公开的仪器和手工相结合的方式,对旅客人身进行安全技术检查,其目的是为了发现旅客身上藏匿的危险品、违禁品及限制物品,保障民用航空器及其所载人员的生命、财产的安全。

对旅客进行人身检查有两种方法:仪器检查和手工检查。在现场工作中通常可采用仪器检查与手工检查相结合的方法进行检查。

二、人身检查的重点对象

精神恐慌、言行可疑、伪装镇静者;冒充熟人、假献殷勤、接受检查过于热情者;表现不耐烦、催促检查或者言行蛮横、不愿接受检查者;窥视检查现场、探听安全检查情况等行为异常者;本次航班已开始登机、匆忙赶到安检现场者;公安部门、安检部门掌握的嫌疑人和群众提供的有可疑言行的旅客;上级或有关部门通报的来自恐怖活动频繁的国家和地区的人员;着装与其身份不相符或不合时令者;男性青、壮年旅客;根据空防安全形势需要有必要采取特别安全措施航线的旅客;有国家保卫对象乘坐的航班的其他旅客;检查中发现的其他可疑问题者。

三、人身检查的重点部位

头部、肩胛、胸部、手部(手腕)、臀部、腋下、裆部、腰部、腹部、脚部。

案例链接 9-1

旅客腰部藏润肤露乘机,险被当作恐怖分子

2016 年 7 月 22 日,在广州白云机场 B 区安检通道里,人身检查员小李在一名接受人身检查的旅客的腰部的位置发现瓶状凸起物,由于状况异常且旅客并无提及疾病症状,根据过往经验,小李担心瓶里可能是故意藏匿的危险品,现场安检人员立即向上级领导告警并控制了旅客陈小姐。后经查实,原来陈小姐是第一次坐飞机,怕不能随身携带润肤露才将其藏匿到腰上的,安检人员向其告知化妆品可以托运或限量携带的规定,陈小姐听后连忙致歉并表示以后先托运液体,不再鲁莽行事。

资料来源:http://news.carnoc.com/list/355/355567.html

第二节　人身检查的设备准备

一、通过式金属探测门的测试

通过式金属探测门是一种检测人员有无携带金属物品的探测装置,又称金属探测门。广泛应用于机场和港口的安全检查;银行和监狱防止携带危险金属物;厂矿和企业防止含金属的贵重物品被盗;大型集会和公共场所的出入口检查等。

（一）金属探测门简介

1. 金属探测门的工作原理

金属探测门的工作原理是设备发生的一连串的脉冲信号产生一个时变磁场,该磁场对探测区中的导体产生涡电流,涡电流产生的次极磁场在接受线圈中产生电压,并通过处理电路辨别是否报警。

金属探测门应配备视觉警报显示装置,按通过的金属比例给出一个条形的视觉警报,无论环境光线情况如何,至少可以从 5m 外清晰地观察到,信号低于报警限界值时显示绿色,高于限界时显示红色。金属探测门应配有声音报警信号调节装置,可以调节持续时间、音调和音量。在距离门体 1m 远、1.6m 高的地方测量警报的强度,至少可以从 80dBA 调节到 90dBA。

2. 金属探测门的性能特点

金属探测门(如图 9-2 所示)具有独特的性能,符合主要安全标准和客户安全标准。它是通过感应寄生电流及均化磁场的数字信号处理方式而获得很高的分辨率,但发射磁场厚度很低,对心脏起搏器佩带者、体弱者、孕妇、磁性媒质和其他电子装置无害。

图 9-2　金属探测门

案例链接 9-2

孕妇担心机场安检门"辐射"

在沈阳一家软件公司工作的张晴这两天一直忐忑不安,春节期间她和丈夫跟团坐飞机去海南旅游,2 月 5 日回沈后才发现自己已有一个多月的身孕。想到往返时在机场经过的两道安检门,张晴担心安检门的辐射会对胎儿造成影响。记者对此进行了调查。"这两天饭吃不下,觉也睡不香。"张晴向记者说,今年春节期间,老公给全家报了个旅游团去海南过节,在海南时她就感觉身体不适,天天都会觉得恶心,还吐了两次。当时是以为水土不服,也没当回事,回到家才发现她已怀孕了。张晴说她曾在报纸上看过 X 射线会对孕妇及胎儿造成不良影响,甚至导致胎儿畸形的报道,而自己在通过机场安检门检查时,因为身上带有金属饰品特意被多检查了一会儿,现在想想十分后怕。

据工作人员介绍,确实有不少旅客在通过安检门时会有顾虑,像孕妇、带有心脏起搏器的患者,甚至有旅客担心信用卡、手机、手表、相机等物会受到影响而失效。"这种顾虑是没必要的,不必恐慌。"

孕妇过安检对胎儿有影响吗

安检设备虽然有一定的辐射,但辐射量非常小,只有医用设备的五十分之一,甚至没有手机大,所以孕妇过安检是没有什么影响的。其实安检设备辐射的关键问题是安检机周围有无射线泄漏,如果有泄漏,可能会对长期接触的工作人员有一定影响,而对通过的乘客来讲影响不大。按我国《电离辐射防护与辐射源安全基本标准》规定,公众受到人工辐射剂量一年不能超过一定量,按此量换算,一个人必须站在安检机出入口约 10 厘米处 52 天不移动才会达到这个量。因此安检仪辐射数值实际上很低,对身体的影响接近零,包括工作人员的身体健康,孕妇经过安检机时也不会对腹内宝宝有影响,孕妇可以放心过安检。

安检设备工作原理

安检设备分为两类,行李通道和乘客通道。前者通过 X 射线的透视作用,将行李箱中的物品以图像形式在电脑屏幕上显示,X 射线对身体有害,因此,设备两旁有铅板隔离,避免对人体的有害辐射。而后者,包括安检门和手持金属探测器,它们是通过磁力线进行检测,磁力线无法穿透金属物质,如果乘客身上携带有金属物件,通过安检门时,警报就会响。民航安全检查门和金属探测器都是通过严格检验,符合安全标准和旅客安全标准的,旅客可以放心通过安检。并且到目前为止,医学上还没有安检对孕妇和胎儿造成不良影响的报道。

孕妇过安检的注意事项

不便时应向工作人员求助。孕妈妈们最好不要带大包,若需要携带大包的话,孕妈妈可以要求工作人员帮助拎包通过安检设备。准妈妈们还可以向工作人员提出要求,看看是否可以用手工检查代替仪器检查。孕妈妈们可以向安检工作人员申请从"免检通道"进站。刚怀孕的准妈妈还可以随身携带一张"验孕报告",方便和工作人员沟通。

遵守安检规定。以防万一,孕妇可以穿上防辐射服。不要携带违禁物品。将生活刀具放入行李中托运或不要携带。不要携带饮料等液态物品以及火柴、打火机等限制物品。在办理值机手续时,尽可能将行李托运。在接受安全检查前准备好相关证件。遇有困难及时向安检人员提出,以寻求帮助。

资料来源:http://news.carnoc.com/list/63/63489.html;http://www.7y7.com/qinzi/83/229583_2.html

3. 影响金属探测门探测的因素

(1)金属探测门本身的因素:探测场的场强,探测方法(连续场与脉冲场),工作频率和探测程序是影响探测的最重要因素。

（2）探测物的因素：探测物的质量、形状、金属种类或合金成分以及探测场的方向。

（3）测试者的因素：测试者的人体特征、测试者通过金属探测器的速率以及测试物在测试者身上部位的不同都会对探测结果带来影响。

（4）周围环境的因素：使用环境中存在的一些金属物品、环境温度、湿度和周围电磁场的变化会影响探测器的功能。

（二）通过式金属探测门的试运行

（1）当一种型号的金属探测门在机场首次安装或改变位置后，操作员都必须重新进行调试。

（2）金属探测门应调节至适当的灵敏度，但不能低于最低安全设置要求。

（3）安装金属探测门时应避免可能影响其灵敏度的各种干扰。

（4）测试时将测试器件分别放置在人体的右腋窝、右臀部、后腰中部、右踝内侧等部位，通过金属探测门进行测试。实施测试的人员在测试时不应该携带其他金属物品。

（三）通过式金属探测门的例行测试

金属探测门如果连续使用（即从未关闭过），应至少每天测试一次；在接通电源后和对旅客进行检查前，都应进行测试。

如果金属探测门的灵敏度与以前的测试相比有所下降，就应调高其灵敏度。

二、手持金属探测器的测试

（一）手持金属探测器的工作原理

手持金属探测器用于检查人身携带金属的具体位置，可配合金属探测门使用，当"安全门"报警发现金属物品时，用手持金属探测器即可找到藏有金属物品的准确位置。金属探测器一般采用长方形检测头，检查人体时，从上到下一次性完成检查工作。它可以探测出人所携带或包裹、行李等内所带金属物品，操作简便易行。

手持金属探测器（如图 9-3 所示）被设计用来探测人或物体携带的金属物。正常时手持金属探测器产生恒频率磁场，灵敏度调至频率哑点（中心频率）。当探测器接近金属物品时，磁场受干扰发生变化，频率漂移，灵敏度变化，发出报警信号；探测器离开金属物品，灵敏度恢复恒定频率，此时小喇叭无声响（哑点）。

图 9-3　手持金属探测器

（二）手持金属探测器的测试

1. 安装

PD14 金属探测器可由 9V 干电池或 VartaTR7／8 型镍氢充电电池及相应类似产品供电。拧下手柄末端的盖，根据后盖上的极性指示插入电池，检查其安装正确与否。然后拧紧后盖，保证电池接触良好。

2. 开机

位置开关可向左或右拨动，这取决于使用哪种操作状态：向左只有报警指示，向右为报警和音响同时进行。

探测器打开时报警指示灯将闪烁几秒。报警指示灯连续闪烁，此时应使探测面离开任何金属物品，直至上述灯熄灭。电源指示灯以 1 秒间隔闪烁，表明电池已充电。电源指示灯快速闪烁时，表明需要更换电池或给电池充电。

3. 灵敏度调节及操作指导

PD140 金属探测器配备有灵敏度调节钮（如图 9-4 所示），有三档（低、中、高）可供选择。若使用 PD140S 高灵敏度型号，调节钮为连续调节型，以确保精细校准。一般情况下，灵敏度应设在中档 ME-DIUM，使用其他档位取决于被测金属物体的尺寸和距离。

图 9-4　金属探测器的
灵敏度调节钮

PD140 金属探测器的敏感探测区域位于装置的下部平面区内，测量面积为 60mm×140mm。用探测器感应区域靠近探测区进行扫描，固定截取金属物的信号，也就是说在探测区内的金属物体的报警信号始终保持激活状态，该特点有助于目标物体的准确定位。

如需隐藏音响报警，可使用特殊耳机插入探测器手柄下的耳机孔，该孔位于报警蜂鸣器的对面，或将开关设置到"仅视觉报警"位置。

金属探测器连续不用超过 180 秒，设备将自动切断。再开机时，先将开关拨到 OFF 的位置，然后再拨到相应的操作位置。

4. 电池充电

将 PD140R 的手柄插入 BC140 充电器就可充电。充电时探测器必须关闭。打开充电器开关到 ON 位置，电源指示灯确认电源存在。完全充电所需时间为 16 小时。BC140 充电器可与其他类似设备串联使用。

5. 手持金属探测器的保管

手持金属探测器属小型电子仪器，使用时应轻拿轻放，以免损坏仪器。手持金属探测器应由专人保管,注意防潮、防热。手持金属探测器应使用微湿柔软的布进行清洁。

第三节　手工人身检查

一、手工人身检查的定义

手工人身检查是指人身检查员按规定的方法和程序对旅客身体采取摸、按、压等手工检查方法发现危险品、违禁品及限制物品。

案例链接 9-3

....

全美机场将执行更严格人身检查新规

2017年3月,美国交通安全管理局(TSA)宣布,将逐步在美国各机场采取更严格人身检查的新安检措施。

全美机场每天有超过200万人次接受TSA检查。直到上周,安检员还可以采用5种不同选项中的一种,对那些拒绝接受电子扫描的乘客进行搜身。但新的强化搜身检查将替换之前所有5种选项,成为标准化程序。TSA官方网站指南指出,TSA的工作人员可以用手背轻拍乘客身体敏感部位。在有限情况下,可能需要使用手掌对乘客涉及敏感的身体部位进行检查,以确保排除威胁。敏感部位包括头巾、乳房、臀部和腹股沟等区域。新措施已由较小型机场开始执行,逐步过渡到全美。

按照规定,那些拒绝通过电子扫描机和金属探测器,或通过时引发了警报,抑或被嗅弹犬选出的乘客,都将同样接受严格的摸身检查。所有摸身检查将由与乘客同性别的工作人员完成,并由另一名同性别的安检员见证。2017年2月20日的那一周,美国机场检测出79支枪械创下历史新高,其中21支枪已经上膛。新的轻拍搜身检查可提高检测出枪支和其他危险品的成功率,TSA不时调整措施是为满足不断变化的威胁、实现高水平的运输安全,预计新的搜身检查不会增加机场整体安检时间。

有媒体对此发表评论说,"TSA发起的'比以前更亲密'的轻拍检查释放出'侵略性'。"部分民众通过社交媒体抨击这一新措施是"让抚摸合法化"。"对于新的轻拍摸身检查,我不会使用'侵略性'这个词,"TSA发言人说,"这个新程序将更有效地发现违禁物品。这只是简单的程序改变,99.99%的人甚至不会注意到。"

TSA这项新措施的出台,部分原因是该机构2015年内部调查显示:全美机场有数十次安检失误,卧底调查员携带模拟爆炸物和禁止的武器通过了安检,通过率达95%以上。此后,美国前国土安全部部长杰·约翰逊要求TSA实施一系列行动来解决报告中的问题。

资料来源:http://news.carnoc.com/list/394/394825.html

....

二、手工人身检查的程序

人身检查员面对旅客,先从前衣领开始,至双肩、前胸、腰部止;然后从后衣领起,至双臂外侧、内侧、腋下、背部、后腰、裆部、双腿内侧、外侧和脚部止。

冬季着装较多时,可请旅客解开外衣,对外衣也必须进行认真的检查。

三、手工人身检查的方法

手工人身检查主要是顺着旅客身体的自然形状,通过摸、按、压等方法,用手感觉出藏匿的物品。按压是指在手不离开旅客的衣物或身体的情况下用适当的力量进行按压,以感觉出旅客身体或衣物内不相贴合、不自然的物品。对旅客取出物品的部位,应用手再进行复查,排除疑点后方可进行下一步检查。

手工人身检查一般应由同性别安检人员实施;对女旅客实施手工检查时,必须由女安检人员进行。

四、引导岗位的方法和程序

(1)引导检查员将衣物筐放于安全门一侧的工作台上并站立于安全门一侧,面对旅客进入通道的方向保持待检状态。

(2)当旅客进入检查通道时,引导检查员应提示并协助旅客将随身行李正确而有序地放置于 X 射线机传送带上,同时请旅客将随身携带物品及随身行李的手提电脑、照相机等电器类取出放入衣物筐内。若旅客穿着较厚重的外套,应请其将外套脱下,一并放入衣物筐接受 X 射线机检查。

(3)引导检查员应观察人身检查员的工作情况(即当人身检查员正在对旅客进行检查时,前传员应请待检旅客在安全门一侧等待),待人身检查员检查完毕,引导待检旅客有序通过安全门。引导检查员应合理控制过检速度,保证检查通道的畅通。

(4)对不宜经过 X 射线机检查的物品,引导检查员应通知开箱检查员对其进行手工开箱检查。

(5)对怀孕的、带有心脏起搏器的、坐轮椅的残疾或重病等不宜通过金属探测门检查的旅客,引导检查员应提醒人身检查员进行手工人身检查。

五、从严检查的相关要求

对经过手工人身检查仍不能排除疑点的旅客,可带至安检室进行从严检查。

实施从严检查应报告安检部门值班领导批准后才能进行。从严检查必须由同性别的两名以上检查员实施。

从严检查应做好记录，并注意监视检查对象，防止其行凶、逃跑或毁灭罪证。

案例链接 9-4

过安检时体内金属件报警，从严检查引不满

由于患股骨头坏死接受金属支架固定手术，市民江先生在接受机场安检时，被测出异常，随后工作人员根据国家有关规定请其脱下外裤进一步检查。事后，江先生认为机场方面的做法侵害其隐私，通过市"12345"政府服务热线投诉。南通兴东机场（简称"南通机场"）就此问题做出解释，希望乘客予以理解。

过安检体内金属件引报警

近日，江先生向市"12345"政府服务热线工作人员反映，他于 2013 年 5 月 23 日下午在南通机场乘坐由南通飞往大连的航班出行。在一号登机口通过安检时，因他此前股骨头坏死接受过置换手术，导致警报器发出响声报警。

现异常后，安检人员要求他脱裤子接受检查。事后，江先生认为有碍其个人隐私，从心理上难以接受，为此提出投诉。

安检员请乘客脱外裤检查

接到政府热线情况通报后，机场方面立即就江先生反映的情况展开核实，并在查清事实的基础上，迅速做出反馈。有关工作人员表示，首先，机场方面对旅客江先生由例检工作带来的心理不适，深表歉意。据了解，江先生进入一号安检通道进行人身检查时，金属探测器在其臀部位置发出连续报警，经安检员询问，得知该旅客因股骨头坏死进行过置换手术，是其臀部内的金属物件导致报警。

机场方面解释说：由于旅客江先生没有随身携带可以证明的相关医学材料，根据《中国民用航空安全检查规则》（中国民用航空总局第 85 号令）第三章第二十四条、二十五条规定：对通过安全门报警的旅客，疑点不排除不得放行的原则，机场安检人员对其进行了严格检查。为确保旅客隐私不受侵犯，机场安检人员根据安全检查手册相关要求，报经当日安检值班领导批准后，将其带至单独的安检搜身室，由两名同性别安检员按照规定检查程序请该旅客脱下外裤检查其臀部位置，排除疑点后放行。

律师表示机场并无违规处

同时，南通机场工作人员介绍说，由于受到 2013 年 5 月 15 日发生的民航遭遇多起电话炸弹威胁事件影响，机场安全警备等级有所提高。调查发现，在对乘客江先生进行例行检查的过程中，机场安检员严格按照民航安检规定的检查程序进行，服务态度良好，无任何不当言语。

南通机场工作人员同时强调：飞行安全无小事，一系列严格的安检程序，是保证旅客自身安全和民用航空器在空中飞行安全所采取的一项必要措施；因此，希望广大旅客能够自觉配合支持机场安检，理解机场安检员所做的工作。

当日下午，记者就此事采访了南通市一名资深律师。他表示：机场方面对于可能存在、

威胁公众生命安全的飞行隐患,有权依法排除,乘客理应谅解并配合。

资料来源:http://news.carnoc.com/list/254/254377.html

六、手工检查的注意事项

（1）检查时,检查员双手掌心要切实接触旅客身体和衣服,因为手掌面积大且触觉较敏锐,这样能及时发现藏匿的物品。

（2）不可只查上半身不查下半身,特别要注意检查重点部位。

（3）对旅客从身上掏出的物品,应仔细检查,防止夹带危险物品。

（4）检查过程中要不间断地观察旅客的表情,防止发生意外。

（5）对女性旅客实施检查时,必须由女检查员进行。

第四节　仪器人身检查

一、仪器人身检查的定义

仪器人身检查是指安检人员按规定的方法对旅客进行金属探测门检查或手持金属探测器等检查,发现危险品、违禁品及限制物品。

二、金属探测门检查的方法

所有乘机旅客都必须通过安全门检查（政府规定的免检者除外）。旅客通过安全门之前,引导检查员应首先提醒其取出身上的随身物品（包括香烟、钥匙、打火机、火柴等）,然后引导旅客按次序逐个通过安全门（要注意掌握旅客流量）。如发生报警,应使用手持金属探测器或手工人身检查的方法进行复查,彻底排除疑点后才能放行;对未报警的旅客,可使用手持金属探测器或手工人身检查的方法进行抽查。

对旅客放入衣物筐中的物品,应通过 X 射线机进行检查,如不便进行 X 射线机检查的物品要注意采用摸、掂、试等方法检查是否藏匿违禁物品。

三、手持金属探测器检查的方法

手持金属探测器检查是通过金属探测器和手相结合的方法按规定程序对旅客人身实施检查。检查时,金属探测器所到之处,人身检查员应用另一只手配合摸、按、压的动作进行。如果手持金属探测器报警,人身检查员应配合触摸报警部位进行复查,以判断报警物性质,同时请旅客取出物品进行检查。旅客取出物品后,人身检查员应对该报警部位进行复查,确认无误后,方可进行下一步检查。

四、手持金属探测器检查程序

从前衣领→右肩→右大臂外侧→右手→右大臂内侧→腋下→右前胸→右上身外侧→腰、腹部→左肩→左大臂外侧→左手→左大臂内侧→腋下→左前胸→左上身外侧→腰、腹部。

从右膝部内侧→裆部→左膝部内侧。

从头部→后衣领→背部→后腰部→臀部→左大腿外侧→左小腿外侧→左脚→左小腿内侧→右小腿内侧→右脚→右小腿外侧→右大腿外侧。

人身检查程序分解动作演示如下。

(一)肩臂部检查程序分解

肩臂部检查程序分解动作如图 9-5~图 9-10 所示。

图 9-5　探测器检查旅客右肩

图 9-6　手检员左手对右肩进行检查

图 9-7　探测器检查旅客右大臂外侧

图 9-8　手检员左手对右大臂外侧进行检查

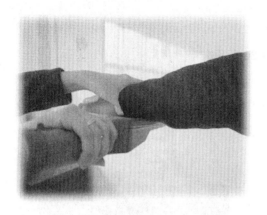

图 9-9　探测器检查旅客右小臂内侧

图 9-10　手检员左手对右小臂内侧进行检查

（二）背部检查程序分解动作

背部检查程序分解动作如图 9-11～图 9-14 所示。

图 9-11　探测器从旅客左肩起，探测旅客背部

图 9-12　手检员左手对左肩进行检查

图 9-13　探测器与手配合，对旅客背部进行检查

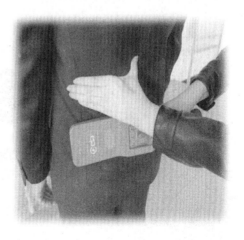

图 9-14　探测器与手配合，对旅客腰部进行检查

（三）腿脚部检查程序分解动作

腿脚部检查程序分解动作如图 9-15～图 9-20 所示。

图 9-15　探测器与手配合，对左大腿外侧进行检查　　图 9-16　对旅客左小腿及脚外侧进行检查

图 9-17　探测器与手配合，对左脚内侧进行检查　　图 9-18　裆部的检查重点在左小腿内侧至裆部

图 9-19　探测器与手配合，对右小腿内侧及脚面进行检查　　图 9-20　对旅客右脚外侧及脚面进行检查

五、移位人身检查法的具体操作程序

（一）移位人身检查法的定义

移位人身检查法是指现场工作中,旅客在接受人身检查时,人身检查员按规定方法主动完成从前到后的人身检查程序,从而使旅客避免转身的不便,并且始终能面对自己行李物品的人身检查方法。

移位检查法是一种从尊重旅客、方便旅客角度出发的人身检查方法。

（二）移位检查法的程序

（1）人身检查员面对或侧对金属探测门站立,注意观察金属探测门报警情况及动态,确定人身检查对象。

（2）当旅客通过金属探测门报警或需对旅客进行重点检查时,人身检查员指引旅客到指定位置接受人身检查。

（3）人身检查员请旅客面对行李物品方向站立,提醒旅客照看好自己的行李物品,并从旅客正面开始实施人身检查。

检查程序如下:从旅客前衣领开始→右肩→右大臂外侧→右手→右大臂内侧→腋下→右前胸→右上身外侧→腰、腹部→左肩→左大臂外侧→左手→左大臂内侧→腋下→左前胸→左上身外侧→腰、腹部→右膝部内侧→裆部→左膝部内侧。

（4）人身检查员在完成旅客前半身的人身检查程序后,主动转至旅客身后,从旅客背面实施人身检查。

检查程序如下:从旅客头部开始→后衣领→背部→后腰部→臀部→左大腿外侧→左小腿外侧→左脚→左小腿内侧→右小腿内侧→右脚→右小腿外侧→右大腿外侧。

（5）当人身检查员检查到旅客脚部有异常时或鞋子较厚较大时,应让旅客坐在椅子上,请其脱鞋,用手持金属探测器和手相结合的方法对其脚踝进行检查,同时将旅客的鞋过 X 射线机进行检查。

（6）检查完毕后,提醒旅客拿好自己的行李物品,并回到原检查位置进入待检状态。

本章小结

（1）对旅客进行人身检查有两种方法:仪器检查和手工检查。在现场工作中通常可采用仪器检查与手工检查相结合的方法进行检查。

（2）手持式金属探测器用于检查人身携带金属的具体位置,可配合金属探测门使用,当"安检门"报警发现金属物品时,用手持式金属探测器即可找到藏有金属物品的准确位置。

（3）手工人身检查是指人身检查员按规定的方法和程序对旅客身体采取摸、按、压等手工检查方法发现危险品、违禁品及限制物品。

（4）仪器人身检查是指安检人员按规定的方法对旅客进行金属探测门检查或手持金属

探测器等检查,发现危险品、违禁品及限制物品。

综合练习

思考题

1. 简述人身检查的程序和方法。
2. 如何对金属探测门进行例行测试?
3. 人身检查的重点对象有哪些?
4. 简述人身检查的重点部位。

第十章

开箱（包）检查

本章学习目标

- 掌握开箱（包）检查的程序及方法；
- 掌握对常见物品进行检查的方法；
- 能够看懂危险品的国际通用标识；
- 能够处理枪支、弹药、管制刀具、军警械具等违禁物品；
- 掌握办理暂存、移交的程序和可以办理移交、暂存物品的范围；
- 能够正确填写移交、暂存物品单据。

导引案例

旁门左道的"暗器"，过机场安检连连被查获

充电宝式电击器、折叠皮带刀、口红式点火器，这些旁门左道的"暗器"，近日被合肥机场安检连连查获。

赴韩女士随身携带口红式电子点烟器

2016 年 5 月 1 日 10:50 左右，安检人员在国际安检通道检查时，发现前往韩国首尔的一名女性旅客随身物品中一支口红式物品图像成型异样，便询问该旅客是否携带点烟器，该旅客总是"顾左右而言他"，不往正题上说。经安检员查找，发现包内一枚外观精致的女士口红较为可疑，上面印有香奈尔品牌标志，经旋转，口红上部可推出点烟装置，而转轴的衔接口由金色圆环所伪装，非常隐蔽，如图10-1 所示。

小伙子包内藏有"射钉弹"

2016 年 5 月 3 日 13:00 左右，安检人员在对一名乘坐BK2846 航班旅客的行李进行 X 光机检查时，发现其包内存在有疑似违禁物品，随即安检员对其进行了开箱（包）检查，竟然发现一整盒子弹。经辨认，是一种用于装修的射钉弹。"射钉弹"属于非军用子弹，内含火药，杀伤力大。

图 10-1　口红式点烟器

充电宝式电击器

2016 年 5 月 15 日 08:00 左右，国内 14 号安检通道操机员在对旅客随身行李进行判图时，发现一名旅客的行李里携带大量的充电宝等金属物品。让操机员产生疑惑的是，其中一个充电宝除了本身内部所具有的功能装置外，还出现了电击器具备的升压装置，但电击器触电装置从图像显示并不明显，遂对该旅客的行李物品进行了仔细检查。打开这堆金属物品发现，这支"特殊"充电宝外观与其他充电宝并无多少不同，但该"充电宝"上端有条细缝，经仔细检查，发现该物品不仅可以充电，还具有电击功能。经询问，该旅客承认确实想通过其他金属物品"掩护"充电宝式电击器，企图蒙混过关带上飞机。

皮带头内暗藏折叠刀

2016 年 5 月 21 日 09:00 左右,安检人员在对乘坐 ZH928T 航班的一名旅客随身携带的行李进行正常检查时,发现一名旅客箱包里的一个皮带头图像十分异样,随即进行开箱(包)检查,发现一条皮带的金属头十分特别,经仔细辨别,发现一把明亮的折叠刀镶嵌其内,表面浮雕的图案与皮带头整体合一,隐蔽性极强。

资料来源:http://news.carnoc.com/list/346/346155.html

第一节　开箱(包)检查的实施

一、物品检查的范围

物品检查的范围主要包括 3 个方面:一是对旅客、进入隔离区的工作人员随身携带的物品的检查;二是对随机托运行李物品的检查;三是对航空货物和邮件的检查。

二、开箱(包)检查的程序

(1) 观察外层(如图 10-2 所示)。看箱(包)的外形,检查外部小口袋及有拉链的外夹层。

图 10-2　观察外层

(2) 检查内层和夹层(如图 10-3 所示)。用手沿包的各个侧面上下摸查,将所有的夹层、底层和内层小口袋检查一遍。

(3) 检查包内物品(如图 10-4 所示)。按 X 射线机操作员所指的重点部位和物品进行检查;在没有具体目标的情况下应一件一件地检查;已查和未查的物品要分开,放置要整齐有序;如包内有枪支等重大违禁物品,应先取出保管好,及时进行处理,然后再细查其他物品,要对物主采取看护措施。

(4) 善后处理(如图 10-5 所示)。检查后如有问题应及时报告领导,或交公安机关处理;

没有发现问题的应协助旅客将物品放回包内,对其合作表示感谢。

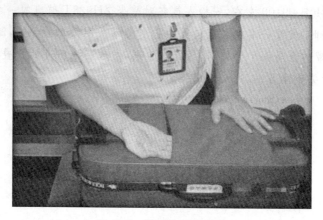

图 10-3　检查内层和夹层

图 10-4　检查包内物品

图 10-5　善后处理

三、开箱（包）检查的方法

一般是通过人的眼、耳、鼻、手等感官进行检查，根据不同的物品采取相应的检查方法。主要有以下几种常用方法：看、听、摸、拆、掂、捏、嗅、探、摇、烧、敲、开等。

（1）看：就是对物品的外表进行观察，看是否有异常，包袋是否有变动等。

（2）听：对录音机、收音机等音响器材通过听的方法，判断其是否有变动等，此法也可以用于对被怀疑有定时爆炸装置的物品进行检查。

（3）摸：就是直接用手的触觉来判断是否藏有异常或危险物品。

（4）拆：对被怀疑的物品，通过拆开包装或外壳，检查其内部有无藏匿危险物品。

（5）掂：对受检查的物品用手掂其重量，看其重量与正常的物品是否相符，从而确定是否进一步进行检查。

（6）捏：主要用于对软包装且体积较小的物品，如洗发液、香烟等物品的检查，靠手感来判断有无异常物。

（7）嗅：对被怀疑的物品，主要是爆炸物、化工挥发性物品，通过鼻子的嗅闻，判断物品的性质。基本动作应注意使用"扇闻"的方法。

（8）探：对有怀疑的物品如花盆、盛有物品的坛、罐等，如无法透视，也不能用探测器检查，可用探针进行探查，判断有无异物。

（9）摇：对有疑问的物品，如用容器盛装的液体、佛像、香炉等中间可能是空心的物品，可以用摇晃的方法进行检查。

（10）烧：就是对有怀疑的某些物品，如液体、粉末状、结晶状等物品，可取少许用纸包裹，然后用火点燃纸张，根据物品的燃烧程度、状态等判断其是否为易燃易爆物品（试烧要注意周围环境，确保安全）。

（11）敲：对某些不易打开的物品如拐杖、石膏等，用手敲击，听其发音是否正常。

（12）开：通过开启、关闭开关，检查手提电话、传呼机等电器是否正常，防止其被改装为爆炸物。

以上方法不一定单独使用，常常是几种方法结合起来，以便更准确、快速地进行检查。

四、开箱（包）检查操作

（1）开箱（包）检查员站立在 X 射线机行李传送带出口处疏导箱包，避免受检箱包被挤、压、摔倒。

（2）当有箱（包）需要开检时，开机员给开箱（包）检查员以语言提示，待物主到达前，开箱（包）检查员控制需开检的箱（包），物主到达后，开箱（包）检查员请物主自行打开箱包，对箱包实施检查。（如箱包内疑有枪支、爆炸物等危险品的特殊情况下需由开箱（包）检查员控制箱包，并做到人物分离。）

（3）开箱（包）检查时，开启的箱包应侧对物主，使其能通视自己的物品。

（4）根据开机员的提示对箱包进行有针对性的检查。已查和未查的物品要分开，放置要整齐有序。检查包的外层时应注意检查其外部小口袋及有拉链的外夹层。检查包的内层和夹层时应用手沿包的各个侧面上下摸查，将所有的夹层、底层和内层小口袋完整的、认真的检查一遍。

（5）检查过程中，开箱（包）检查员应根据物品种类采取相应的方法（看、听、摸、拆、掂、捏、嗅、探、摇、烧、敲、开）进行检查。

（6）开箱（包）检查员将检查出的物品请开机员复核。若属安全物品则交还旅客本人或将物品放回旅客箱包，协助旅客将箱包恢复原状，而后对箱包进行 X 射线机复查。若为违禁品则交移交台处理。

（7）若受检人员申明携带的物品不宜接受公开开包检查时，开箱（包）检查员应交值班领导处理。

（8）遇有受检人员携带胶片、计算机软盘等不愿接受 X 射线机检查时，应进行手工检查。

五、开箱（包）检查的重点对象（重点物品）

（1）用 X 射线机检查时，图像模糊不清无法判断物品性质的。

（2）用 X 射线机检查时，发现似有电池、导线、钟表、粉末状、液体状、枪弹状物及其他可疑物品的。

（3）X 射线机图像中显示有容器、仪表、瓷器等物品的。

（4）照相机、收音机、录音录像机及电子计算机等电器。

（5）携带者特别小心或时刻不离身的物品。

（6）乘机者携带的物品与其职业、事由和季节不相适应的。

（7）携带者声称是帮他人携带或来历不明的物品。

（8）旅客声明不能用 X 射线机检查的物品。

（9）现场表现异常的旅客或群众揭发的嫌疑分子所携带的物品。

（10）公安部门通报的嫌疑分子或被列入查控人员所携带的物品。

（11）旅客携带的密码箱（包）进入检查区域发生报警的。

六、开箱（包）检查的要求及注意事项

（1）开箱（包）检查时，物主必须在场，并请物主将箱（包）打开。

（2）检查时要认真细心，特别要注意重点部位如箱（包）的底部、角部、外侧小兜，并注意发现有无夹层。

（3）没有进行托运行李流程改造的要加强监控措施，防止已查验的行李箱（包）与未经安全检查的行李箱（包）调换或夹塞违禁（危险）物品。

（4）对旅客的物品要轻拿轻放，如有损坏，应照价赔偿。检查完毕，应尽量按原样放好。

（5）开箱（包）检查发现危害大的违禁物品时，应采取措施控制住携带者，防止其逃离现场，并将箱（包）重新经 X 射线机检查，以查清是否藏有其他危险物品，必要时将其带入检查室彻底清查。

（6）若旅客申明所携带物品不宜接受公开检查时，安检部门可根据实际情况，避免在公开场合检查。

（7）对开箱（包）的行李必须再次经过 X 射线机检查。

第二节　常见物品的检查方法

一、仪器、仪表的检查方法

对仪器、仪表通常进行 X 射线机透视检查，如 X 射线机透视不清，又有怀疑，可用看、掂、探、拆等方法检查。看仪器、仪表的外表螺丝是否有动过的痕迹；对家用电表、水表等可掂其重量来判断；对特别怀疑的仪器、仪表可以拆开检查，看里面是否藏有违禁物品。

二、各种容器的检查方法

对容器进行检查时，可取出容器内的东西，采取敲击、测量的方法，听其发出的声音，分辨有无夹层，并测出容器的外高与内深，外径与内径的比差是否相符。如不能取出里面的东西，则可采用探针检查方法。

三、各种文物、工艺品的检查方法

一般采用摇晃、敲击、听等方法进行检查，摇晃或敲击时，听其有无杂音或异物晃动声。

四、容器中液体的检查方法

对液体的检查一般可采用看、摇、嗅、试烧的方法进行。看容器、瓶子是否原始包装封口；摇液体有无泡沫（易燃液体经摇动一般产生泡沫且泡沫消失快）；嗅闻液体气味是否异常（酒的气味香浓，汽油、酒精、香蕉水的刺激性大）；对不能判别性质的液体可取少量进行试烧，但要注意安全。

五、骨灰盒等特殊物品的检查方法

对旅客携带的骨灰盒、神盒、神像等特殊物品，如 X 射线机检查发现有异常物品时，可征得旅客同意后再进行手工检查;在旅客不愿意通过 X 射线机检查时,可采用手工检查和防爆检测。

六、衣物的检查方法

衣服的衣领、垫肩、袖口、兜部、裤腿等部位容易暗藏武器、管制刀具、爆炸物和其他违禁物品。因此,在安全检查中,对旅客行李物品箱(包)中的可疑衣物要用摸、捏、掂等方式进行检查。对冬装及皮衣、皮裤更要仔细检查,看是否有夹层,捏是否暗藏有异常物品,衣领处能暗藏一些软质的爆炸物品,掂重量是否正常。对衣物检查时应用手掌进行摸、按、压。因为手掌的接触面积大且敏感,容易查出藏匿在衣物内的危险品。

七、皮带(女士束腰带)的检查

对皮带(女士束腰带)进行检查时,看边缘缝合处有无再加工的痕迹,摸带圈内是否有夹层。

八、书籍的检查

书籍容易被人忽视,厚的书或者是捆绑在一起的书可能被挖空,暗藏武器、管制刀具、爆炸物和其他违禁物品。检查时,应将书打开翻阅检查,看书中是否有上述物品。

九、笔的检查

看笔的外观是否有异常,掂其重量是否与正常相符,按下开关或打开查看是否改装成笔刀或笔枪。

案例链接 10-1

旅客携带精美"笔刀"想上飞机

2016 年 10 月 24 日,厦门机场安检在对航班旅客进行安全检查时查获旅客陈某携带的精美笔刀一把,如图 10-6 所示,当即将其移交机场公安机关处理。

当日晚 21 时左右,厦门机场检查员正在对前往长沙的 MF8504 航班进行安全检查,这时 X 光机图像上出现了一支类似激光笔的物品,由于该旅客包内物品较多,不便于观察,开机检查员立即通知开包检查员进行开包检查,结果在旅客陈某的包内查出一把精美的笔刀。其刀身外

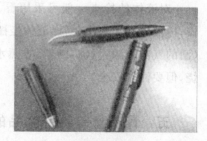

图 10-6　笔刀

观呈金黄色，与精致的圆珠笔几乎没有区别，旋拧开后，可见其内部隐藏着约7.5厘米长的窄细刀刃，异常锋利。由于这把笔刀是纯金属制品，在X光机图像上的特征与教学用的激光笔区别不是很大，极难辨认。其所携带的钢笔刀属于公安部门明令禁止的管制刀具。由于携带管制刀具，该旅客被移交给机场公安进行处理。

资料来源：http://news.carnoc.com/list/375/375253.html

十、雨伞的检查

雨伞的结构很特殊，往往被劫机分子利用，在其伞骨、伞柄中藏匿武器、匕首等危险物品以混过安全检查。在检查中，可用捏、摸、掂直至打开的方法进行检查，要特别注意对折叠伞的检查。

案例链接 10-2

雨伞里藏匕首，大年初一乘机受阻

一名宋姓男子在厦门机场T4航站楼乘机时，试图将一把匕首（如图10-7所示）藏匿蒙混通过安检，被工作人员一举查获。最终宋某被移交公安机关。

2017年1月28日09点30分许，厦门机场T4航站楼出港航班旅客正在航站楼出发大厅有序接受安全检查。安检员小杨在K通道执行X光机检查任务时，电脑屏幕上的一幅异常图像吸引了他的注意力。小杨果断按下停止键，发出开箱检查指令，通知开箱员做进一步检查。在打开行李箱后，发现有匕首隐匿在雨伞中。旅客宋某对此

图10-7　雨伞藏刀

否认是自己所放，随后，机场安检工作人员按程序将旅客移交公安机关处理。最终公安机关对宋某依法处以行政处罚，并对其进行了严肃的批评教育。

资料来源：http://news.carnoc.com/list/389/389957.html

十一、手杖的检查

注意对手杖进行敲击，听其发声是否正常，认真查看是否被改成拐杖刀或拐杖枪。

十二、玩具的检查

小朋友携带的玩具也有可能暗藏匕首、刀具和爆炸装置。对毛绒玩具检查时，通常要看

其外观,用手摸查有无异物;对电动玩具检查时,可通电或打开电池开关进行检查;对有遥控设施的玩具检查时,看其表面是否有动过的痕迹,摇晃是否有不正常的声音,掂其重量是否正常,拆开遥控器检查电池,看是否暗藏危险品。

十三、整条香烟的检查

整条香烟、烟盒和其他烟叶容器一般都是轻质物品,主要看其包装是否有被重新包装的痕迹和掂其重量(每条香烟重量约为 300 克)来判断,对有怀疑的要打开包装检查。

十四、摄像机、照相机的检查

对一般类型的摄像机,可首先检查其外观是否正常,有无可疑部件,有无拆卸过的痕迹,重点检查带匣、电池盒(外置电源)、取景窗等部分是否正常,对有怀疑的可让旅客进行操作以查明情况。对较复杂的大型摄像机,可征得旅客的同意进行 X 射线机检查。如机内没有胶卷,可以询问旅客是否可以打开照相机,也可以掂其重量来判断,如机内装有爆炸物,其重量会不同于正常照相机。对有怀疑的照相机可以请旅客按快门试拍来判断。

十五、收音机的检查

一般要打开电池盒盖,抽出接收天线,查看其是否藏匿有违禁物品。必要时,再打开外壳检查内部。

十六、录音机(便携式 CD 机)等的检查

观察是否能够正常工作,必要时打开电池盒盖和带舱,查看是否藏有危险物品。

十七、手提电脑的检查

检查外观有无异常,掂其重量是否正常,可请旅客将电脑启动,查看能否正常工作。对电脑的配套设备(鼠标、稳压器等)也要进行检查。

知识链接 10-1

安检时为什么电脑需要单独检查

不知道大家是否有这样的经历,安检流程烦琐复杂,本来排队的人就很多,安检员还要求每个人把笔记本电脑等电子产品单独拿出来进入机器扫描,过后旅客需要再一件一件的

把东西塞回去。很多人对此怨声载道但是却不知道真正的原因。今天小编就带你来了解其中的秘密。

笔记本电脑内部结构复杂，较易改装，且包含大量电子元件，结构复杂，在通过 X 光机照射时的图像会比较复杂，而且还有可能对 X 射线成像造成干扰。如果有其他金属物品与笔记本一起放在电脑包中，安检人员很难看清楚，容易错过一些危险品的检查，出现潜在危险。另外，一些电脑包的金属配件也会干扰安检人员的检查。之前也发生过利用笔记本电脑藏匿其他物品带上飞机的情况，包括打火机、手机、毒品、刀具等。因此，我们在乘坐飞机的时候，这些电子产品都要单独安检。

旅客在过安检时需要把笔记本电脑、平板电脑等物品从包内拿出单独过检，这也是国际惯例。为了他人同时也为了自身安全，安检时需要广大旅客予以配合。

我们在享受笔记本电脑带来的便利时，也要承受一些安检时带来的不便。携带笔记本电脑过安检时需要注意些什么？为了提高安检速度，笔记本电脑安检时最好事先取出电脑包，与其他包裹分开通过安检机的检查。在电脑的光驱中不要放入光盘，不要外置 U 盘、无线网卡等硬件设备。电源、鼠标也最好与电脑分开放入安检机中检查，以免引起安检中不必要的麻烦。不要利用笔记本电脑包来携带打火机。在机场都有吸烟处，大可保证烟民的需要，而托运和携带打火机都是被明令禁止的。为了加快安检的效率，尽量把膏状、糊状物品进行托运，不要放在电脑包中。国内航班对于旅客携带电脑的台数没有硬性规定，但是对于电脑的电池有一定要求，携带两台笔记本以上的，最好将电池与电脑分开，并用泡沫纸类等绝缘材料将电池包装好。

最近许多笔记本电脑包厂家都在设法改进电脑包的设计，尽量减少旅客安检时所带来的麻烦。另外，还有旅客担心安检仪器会对电脑产生不良影响。其实，这完全不需要担心。现在的安检机其实就是 X 射线机，许多都标着"胶卷安全"。目前的安检机器基本是 70～160 千伏 X 射线发生器，被检物品一次通过检查时所接受的吸收剂量小于 $5\mu Sv$，符合 ASA/ISO1600 标准胶卷安全，所以安检仪器对胶卷这种光敏感的物体都不会产生损害，对计算机存储设备等半导体器件也安全。

资料来源：http://news.carnoc.com/list/356/356629.html

十八、手机的检查

对手机可用看、掂、开等方法进行检查。看外观是否异常，掂其重量，如藏匿其他物品会有别于正常手机。通过打开电池盒盖和开启关闭开关来辨别手机是否正常。

案例链接 10-3

女子携带"手机"电击器被机场识破

2014 年 2 月 3 日，广州白云国际机场（简称"白云机场"）在执行安全检查时，从一位女士随身携带的手提包内查获一个手机型电击器，该女子随后被带往机场派出所。

当日上午 8 时左右，乘坐 CZ3443 前往成都的许小姐在接受安全检查时，开机员发现她的随身行李包内有一个手机的结构很怪异，细心的开机员立马通知开包员开包检查，在得到许小姐的同意后，开包员从许小姐的包里找到了这个怪异的"手机"。原来这个看上去外形普通、和一般手机没什么区别的东西却是一支手机型电击器，具有很强的攻击性，人一旦被电击，可致昏厥。许小姐解释说这是她随身携带的"手电筒"，顺便用来自卫，并不知不能带上飞机（如图 10-8 所示）。

图 10-8　手机电击器

根据《中国民用航空安全检查规则》，电击器属于违禁物品，是禁止旅客随身携带或托运的物品，一经查获将移交机场公安处理。

资料来源：http://news.carnoc.com/list/272/272592.html

十九、乐器的检查

乐器都有发音装置。对弦乐器可采用拨（按）、听、看的方法，听其能否正常发音。对管乐器材可请旅客现场演示。

二十、口红、香水等化妆物品的检查

口红等化妆品易改成微型发射器，可通过掂其重量或打开进行检查。部分香水的外部结构在 X 射线机屏幕上所显示图像与微型发射器类似，在检查时观看瓶体说明并请旅客试用。

二十一、粉末状物品的检查

粉末状物品性质不易确定，可取少许用纸包裹，然后用火点燃纸张，观察其燃烧程度来判断是否属于易燃易爆物品。

二十二、食品的检查

对罐、袋装的食品的检查，掂其重量看是否与罐、袋体所标注重量相符。看其封口是否有被重新包装的痕迹。觉察该物可疑时，可请旅客自己品尝。

二十三、小电器的检查

诸如电吹风机、电动卷发器、电动剃须刀等小型电器可通过观察外观,开启电池盒盖,现场操作的方法进行检查。对于钟表要检查表盘的时针、分针、秒针是否正常工作,拆开其电池盒盖查看是否被改装成钟控定时爆炸装置。

二十四、对鞋的检查

采用看、摸、捏、掂等检查方法来判断鞋中是否藏有违禁物品。看:观看鞋的外表与鞋的内层;摸:是用手的触感来检查鞋的内边缘等较为隐蔽之处,检查是否异常;捏:是通过手的挤压来感觉进行判断;掂:掂鞋的重量与正常是否相符。必要时可通过 X 射线机进行检查。

案例链接 10-4

男子鞋内藏匿打火机被取消乘机资格

2017 年 1 月 16 日,由鸡西兴凯湖机场飞往大连/天津的 G52926 航班起飞前,乘客姜某在通过鸡西机场安全检查时藏匿打火机,被取消乘机资格。

当日 17:10 左右,由鸡西飞往大连/天津的 G52926 航班安全检查期间,一名男子在接受验证时,机场安检人员告知该男子不允许携带打火机、火柴等火种乘机,该男子随即在上衣兜内拿出一个打火机交给安检人员,但在接受人身检查时,安检人员又在其裤兜内发现了另外一个打火机。此时,该男子要求两个打火机交由家人带回,同时离开了安检现场。10 分钟后,该男子再次返回安检通道,并称打火机已交由家人带回。但当该男子再次接受人身检查时,安检人员发现其鞋部触发了检测仪,随即要求该男子脱鞋接受检查,当鞋脱到一半时,掉出了两个打火机,正是该男子第一次接受安全检查时被查出的两个打火机,如图 10-9 所示。随后,该男子被安检人员移交机场公安机关进行了处理,最终该名男子被取消了乘机资格。

图 10-9　打火机藏匿在鞋底

据了解,按照国家交通运输部 2017 年 1 月 1 日起颁布实施的《民用航空安全检查规则》有关规定,故意藏匿违禁物品企图通过安检的,安检员发现后将移交公安机关处理。警方查处后,尚未构成犯罪的,最高仍将处以 5 000 元罚款。

资料来源:http://news.carnoc.com/list/389/389441.html

第三节　危险品的国际通用标识

一、常见危险品的种类、性状

（一）常见易燃易爆气体的种类、性状

易燃易爆气体一般指压缩在耐压瓶罐中的压缩和液化气体，通常经压缩或降温加压后，贮存于特制的高绝热或装有特殊溶剂的耐压容器中，在受热、撞击等作用时易引起爆炸，按化学性质一般分为易燃气体、不燃气体、助燃气体和剧毒气体 4 类。

常见的易燃易爆气体如下。

（1）氢气：无色无嗅易燃气体，燃烧火焰为淡蓝色，液氢可作火箭和航天飞机的燃料。

（2）氧气：无色无嗅助燃气体，液氧为淡蓝色，常见的有供急救病人用的小型医用氧气瓶（袋）、潜水用的氧气瓶等，如图 10-10 所示。

（3）丁烷气：无色极易燃气体，常用作充气打火机的燃料。

（4）氯气：黄绿色的剧毒气体，有强烈的刺激气味，危险性极大。

（二）常见易燃液体的种类、性状

易燃液体是常温下容易燃烧的液态物品，一般具有易挥发性、易燃性和毒性。

图 10-10　医用氧气瓶

闪点（即在规定条件下，可燃性液体加热到它的蒸气和空气组成的混合气体与火焰接触时，能产生闪燃的最低温度）是衡量液体易燃性的最重要的指标，国家规定闪点低于 45 摄氏度的液体是易燃液体，闪点越低，燃爆危险性越大。易燃液体一般经摇动后，会产生气泡，气泡消失越快，则越易燃。常见的易燃液体有汽油、煤油、柴油、苯、乙醇、油漆、稀料、松香油等，它们遇到火星容易引起燃烧或爆炸。

汽油是一种无色至淡黄色、易流动的油状液体；苯是无色有芳香气味的易燃液体；纯净乙醇（酒精）是一种无色有酒味、易挥发的易燃液体；通常所说的各种稀料是指香蕉水等，是由各种有机化合物组成，如苯、甲苯、二甲苯、丁醋等。

（三）常见易燃固体的种类、性状

根据满足着火条件的不同途径，易燃固体分为自燃固体、遇水燃烧固体和其他易燃固体。

常见的自燃固体：黄磷，又称白磷，是无色或白色半透明固体；硝化纤维胶片，是微黄色或无色有弹性的带状或卷状软片；油纸，是将纸经浸油处理而成。

常见的遇水燃烧固体：金属钠、金属钾，是银白色有光泽的极活泼轻金属，通常贮存于脱水煤油中；碳化钙，俗称电石或臭煤石。其他易燃固体：硫磺、闪光粉、固体酒精、赛璐珞等，其中硫磺一般呈黄色结晶状；赛璐珞是一种有色或无色透明的片、板、棒状物（如图 10-11 所示），是用作制造乒乓球、眼睛架、玩具、钢笔杆及各类装潢等的原料。固体酒精并不是固体状态的酒精，而是将工业酒精（甲醇）中加入凝固剂使之成为固体形态。燃烧时无烟尘、无毒、无异味。

图 10-11　赛璐珞胶片

（四）常见毒害品的种类、性状

毒害品进入生物体后，会破坏正常生理功能，引起病变甚至死亡，主要包括氰化物、剧毒农药等剧毒物品。

氢氰酸是毒害品的一种，是无色液体，极易挥发，散发出带苦杏仁气味的剧毒蒸汽。

（五）常见腐蚀品的种类、性状

常见的腐蚀品主要有硫酸、盐酸、硝酸、氢溴酸、氢碘酸、高氯酸、有液蓄电池、氢氧化钠、氢氧化钾等。

纯硫酸是无色、无嗅黏稠的酸性油状液体，具强腐蚀性。

盐酸是无色至微黄色液体，是氯化氢水溶液，属酸性腐蚀品。

硝酸俗称烧镪水，带有独特的窒息性气味，属酸性腐蚀品。

氢溴酸是无色或浅黄色液体，微发烟，属酸性腐蚀品。

氢碘酸有强腐蚀作用，其蒸气或烟雾对眼睛、皮肤、黏膜和呼吸道有强烈的刺激作用。

高氯酸又名过氯酸，助燃，具强腐蚀性、强刺激性，可致人体灼伤。

氢氧化钠俗称烧碱，是无色至白色固体或液体，是常见的碱性腐蚀品。

氢氧化钾是白色晶体，不燃，具强腐蚀性、强刺激性，可致人灼伤。

有液蓄电池用 22%～28% 的稀硫酸作电解质，它的工作原理就是把化学能转化为电能。

二、危险品的国际通用标识

危险货物包装标签分为两大类，即危险性标签和操作标签。

1. 危险性标签

危险性标签适用于危险货物的运输包装，通过该标签可以很快地了解到货物的危险性。

危险性标签共 21 种,18 个名称,其图形分别标示了 9 类危险货物的主要特性(如表 10-1 所示)。

表 10-1　危险货物的包装标志

标志号	标志名称	标志图形	对应的危险货物类项号
标志 1	爆炸品	 (符号:黑色。底色:橘黄色)	1.1 1.2 1.3
标志 2	爆炸品	 (符号:黑色。底色:橘黄色)	1.4
标志 3	爆炸品	 (符号:黑色。底色:橘黄色)	1.5
标志 4	爆炸品	 (符号:黑色。底色:橘黄色)	1.6

续表

标志号	标志名称	标志图形	对应的危险货物类项号
标志 5	易燃气体	 （符号:黑色。底色:红色）	2.1
标志 6	非易燃,无毒气体	 （符号:黑色或白色。底色:绿色）	2.2
标志 7	毒性气体	 （符号:黑色。底色:白色）	2.3
标志 8	易燃液体	 （符号:黑色或白色。底色:红色）	3

标志号	标志名称	标志图形	对应的危险货物类项号
标志 9	易燃固体	 （符号:黑色。底色:白色红条）	4.1
标志 10	自燃物品	 （符号:黑色。底色:上白下红）	4.2
标志 11	遇湿危险物质	 （符号:黑色或白色。底色:蓝色）	4.3
标志 12	氧化剂	 （符号:黑色。底色:黄色）	5.1

标志号	标志名称	标志图形	对应的危险货物类项号
标志 13（旧）	有机过氧化物（此标志使用至 2010 年 12 月 31 日）	（符号:黑色。底色:黄色）	5.2
标志 13（新）	有机过氧化物	（符号:黑色或白色。底色:上红下黄）	5.2
标志 14	毒性物质	（符号:黑色。底色:白色）	6.1
标志 15	传染性物质	（符号:黑色。底色:白色）	6.2

续表

标志号	标志名称	标志图形	对应的危险货物类项号
标志 16	一级放射性物质	 （符号:黑色。底色:白色）	7
标志 17	二级放射性物质	 （符号:黑色。底色:上黄下白）	7
标志 18	三级放射性物质	 （符号:黑色。底色:上黄下白）	7
标志 19	临界安全指数标签	 （符号:黑色。底色:白色）	7

续表

标志号	标志名称	标志图形	对应的危险货物类项号
标志20	腐蚀性物品	（符号:上黑下白。底色:上白下黑）	8
标志21	杂项危险品	（符号:黑色。底色:白色）	9

2. 操作标签

操作标签（如图 10-12 所示）包括"仅限货机标签"（Cargo Aircraft Only）、"向上标签"（Package Orientation）、"磁性材料标签"（Magnetized Material）、"远离热源标签"（Keep Away from Heat）、"放射性物质例外数量包装件标签"（Radioactive Material-Excepted Package）、"低温液体标签"（Cryogenic Liquids）、"锂电池标签"（Lithium Battery Label）、"非放射性物质例外数量标签"（Dangerous Goods in Excepted Quantities）、"轮椅标签"（Battery-powered Wheelchair and Mobility Aid Label）等。

仅限货机（新）标签

仅限货机（旧）标签
使用至2012年12月31日

向上标签

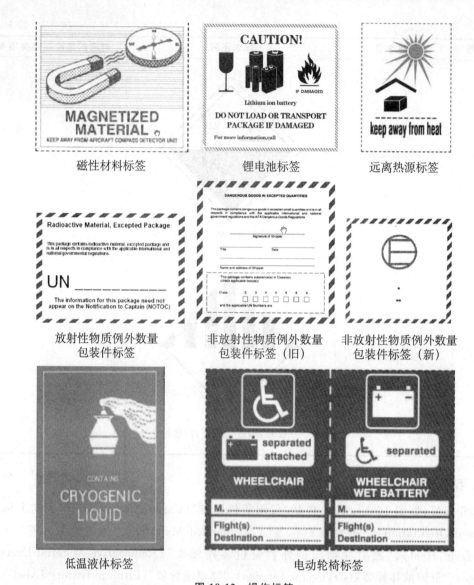

图 10-12　操作标签

第四节　对开箱(包)检查中危险品和违禁品的处理

一、开箱(包)检查中的危险品和违禁品

(一)枪支、弹药、军警械具、管制刀具种类

1. 枪支的种类

根据《中华人民共和国枪支管理法》第 46 条规定,所谓枪支是指以火药或者压缩气体等

为动力,利用管状器具发射金属弹丸或者其他物质,足以致人伤亡或者丧失知觉的各种枪支（如图 10-13 所示）。

（1）军用枪、公务用枪:手枪、步枪、冲锋枪、机枪、防爆枪。

（2）民用枪:气枪、猎枪、运动枪、麻醉注射枪、发令枪。

（3）其他枪支:样品枪、道具枪等。

2. 弹药的种类

弹药主要包括各种炸弹、手榴弹、照明弹、燃烧弹、烟幕弹、信号弹、催泪弹、毒气弹和子弹等。

子弹按其弹头用途可分为普通弹和特种弹头,特种弹头中又有曳光弹（绿色色标）、穿甲弹、燃烧弹（红色色标）等;按枪的种类又可分为步冲枪弹、手枪弹等,按用途又可分为战斗弹、空包弹、教练弹等,如图 10-14 所示是一个子弹模型。

图 10-13　半自动手枪

图 10-14　子弹模型

3. 军、警械具的种类

根据《中华人民共和国人民警察使用警械和武器条例》第 3 条,警械是指人民警察按照规定装备的警棍、催泪弹、高压水枪、特种防爆枪、手铐（如图 10-15 所示）、脚镣、警绳等警用器械;所谓武器,是指人民警察按照规定装备的枪支、弹药等致命性警用武器。

4. 管制刀具的种类

指经国务院批准由公安部颁布实施的《对部分刀具实行管制的暂行规定》中所列出的刀具,包括匕首（如图 10-16 所示）、三棱刀（包括机械加工用的三棱刮刀）、带有自锁装置的刀具和形似匕首但长度超过匕首的单刃刀、双刃刀以及其他类似的单刃、双刃、三棱尖刀等。少数民族由于生活习惯需要佩带、使用的藏刀、腰刀、靴刀等属于管制刀具,只准在民族自治地方销售、使用。

图 10-15　警用手铐

图 10-16　匕首

（二）禁止旅客随身携带或交运的物品种类

禁止旅客随身携带或交运的物品包括：枪支、军用或警用械具类（含主要零部件）、爆炸物品类、管制刀具、易燃易爆物品、腐蚀性物品、放射性物品、其他危害飞行安全的物品以及国家法律法规规定的其他禁止携带、运输的物品。

（三）禁止旅客随身携带但可作为行李交运的物品种类

可以用于危害航空安全的菜刀、大剪刀、大水果刀、剃刀等生活用刀；手术刀、屠宰刀、雕刻刀等专用刀具；文艺单位表演用的刀、矛、剑、戟等；以及斧、凿、锤、锥、加重或有尖钉的手杖、铁头登山杖和其他可用来危害航空安全的锐器、钝器。

二、基本操作

（一）对查出非管制刀具的处理

非管制刀具不准随身携带，可准予托运。
国际航班如有特殊要求，经民航主管部门批准，可按其要求进行处理。

（二）对查出的走私物品、淫秽物品、毒品、赌具、伪钞、反动宣传品等的处理

对查出的走私物品、淫秽物品、毒品、赌具、伪钞、反动宣传品等，应做好登记并将人和物移交民航公安机关、海关等相关联检单位依法处理。

（三）对携带含有易燃物质的日常生活用品的处理

对医护人员携带的抢救危重病人所必需的氧气袋等凭医院的证明可予以检查放行。

案例链接 10-5

男子腰系"皮带刀"欲乘飞机被处罚

一条看起来很普通的皮带，居然内藏玄机，实则是一把锋利的刀具。2016 年 11 月 3 日下午 16 点 35 分左右，厦门机场安检人员查获皮带刀一起，并移交机场公安处理。

2016 年 11 月 3 日下午 16 点 35 分左右，厦门机场航空安保旅检通道正在进行正常的勤务检查，此时，安全检查员发现一名男性旅客经过安全门神情紧张，这引起了他的注意，随即安检员小峰针对该旅客进行了仔细地检查，发现皮带头有异常情况。安检人员就此询问其原因，该旅客声称就是一个普通的腰带。但经过安检人员检查后发现，该名旅客所系的腰带扣有异常，腰带扣端有一硬物延伸隐匿在腰带内侧，这引起安检人员的疑心，安检员请旅客李某解下皮带，经仔细检查检查员从边缘拉出一把刀刃长约 5 厘米的锋利刀具，并与皮带扣连成一体，经确认该物品是"皮带刀"（如图 10-17 所示），此物品非常危险，隐蔽性极强，不易发现。该旅客故意藏匿刀具，安检人员立即报告值班领导，并按有关规定将该旅客和腰带刀

移交机场公安派出所处理。

据《中国民用航空安全检查规则》附件一《禁止旅客随身携带或者托运的物品》共有九类，其中管制刀具包括在内，管制刀具是指匕首、三棱刀、弹簧刀（跳刀）及其他类似的单刃、双刃、三棱尖刀。根据公安部《对部分刀具实行管制的暂行规定》第二条至第七条的规定，管制刀具的佩戴范围和生产、购销均有法定手续，如有发现乘机携带管制刀具，一律移交公安部门处理。而腰带刀具有很强的隐蔽性与危害性，也属于管制刀具类。禁止随身携带任何利器（生活用刀具类物品也包含在内），对于刀具类利器可以采取办理行李托运、暂存、找送行人带回或者自弃等方法处理。

资料来源：http://news.carnoc.com/list/376/376975.html

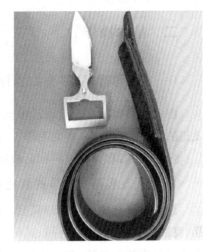

图 10-17　皮带刀

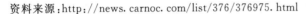

第五节　暂存和移交的办理

一、暂存和移交的定义

（一）暂存

对旅客携带的限制随身携带物品，安检部门可予以定期暂存。办理暂存时，要开具单据并注明期限，旅客凭单据在规定期限内领取。逾期未领的，视为无人认领物品，交由民航公安机关处理。

（二）移交

移交分为 3 个方面，即移交公安机关、移交其他有关部门和移交机组。

（1）移交公安机关：安检中发现对可能被用来劫（炸）机的武器、弹药、管制刀具以及假冒证件等，应当连人带物移交所属民航机场公安机关审查处理。移交时，应填写好移交清单，相互签字并注意字迹清晰，不要漏项。

（2）移交其他有关部门：对在安检中发现的被认为是走私的黄金、文物、毒品、淫秽物品、伪钞等，应连人带物移交相应的有关部门审查处理。

（3）移交机组：旅客携带《禁止旅客随身携带但可作为行李托运的物品》所列物品来不及办理托运，按规定或根据航空公司的要求为旅客办理手续后移交机组带到目的地后交还。

二、基本操作

（一）办理暂存、移交的程序

由安检员将旅客及其物品带至受理台后，移交人员根据相关规定对旅客不能随身带上飞机的物品办理暂存、移交手续。

属于暂存、移交范围的物品包括以下几种。

1. 禁止旅客随身携带或者托运的物品

勤务中查获的枪支、弹药、警（军）械具类、爆炸物品类、管制刀具、易燃易爆物品、毒害品、腐蚀性物品、放射性物品、其他危害飞行安全的物品等国家法律、法规禁止携带的物品移交机场公安机关处理，并做违禁物品登记。

对于旅客携带的限量物品超出部分，移交员可请旅客将其交给送行人带回或自行处理。如果旅客提出放弃，移交员将该物品归入旅客自弃物品回收箱（筐）中。

2. 禁止旅客随身携带但可作为行李托运的物品

勤务中查获的禁止旅客随身携带但可作为行李托运的物品（如超长水果刀、大剪刀、剃刀等生活用刀；手术刀、雕刻刀等专业刀具；刀、矛、剑、戟等文艺表演用具；斧、凿、锤、锥、加重或有尖的手杖等危害航空安全的锐器、钝器）。

移交员应告知旅客可作为行李托运或交给送行人员；如果来不及办理托运，可为其办理暂存手续。办理暂存手续时，移交员应向旅客告知暂存期限为30天，如果超过30天无人认领，将视为自动放弃，交由民航公安机关处理。

暂存物品收据一式三联；开具单据时必须按照单据规定的项目逐项填写，一联留存，一联交旅客，一联粘贴在"暂存物品袋"上。

填写《暂存物品登记表》。国际航班的移交员还可根据航空公司的要求为旅客办理移交机组手续。填写"换取物品单据"，并告知旅客下飞机时凭此单据向机组取回物品。

换取物品收据一式三联。开具单据时必须按照单据规定的项目逐项填写，一联留存，一联交给旅客，一联贴于"移交袋"上，如"移交袋"不能容纳，可贴于被移交物品外包装上。

如果旅客提出放弃该物品，移交员将该物品放入旅客自弃物品回收箱（筐）中。

3. 旅客限量随身携带的生活用品

勤务中查获的需限量随身携带的生活用品，移交员可请旅客对超量部分送交送行友人带回或自行处理。对于携带的酒类物品，移交员可建议旅客交送行友人带回或办理托运。

如果旅客提出放弃，移交员将该物品归入旅客自弃物品回收箱（筐）中。

4. 勤务中查出的其他物品

勤务中查出的走私物品、淫秽物品、毒品、赌具、伪钞、反动宣传品等，应做好登记并将人和物移交机场公安机关、海关等相关联检单位依法处理。

5. 旅客（工作人员）丢失的物品

对于旅客（工作人员）丢失的物品，由捡拾人与移交员共同对捡拾物品进行清点、登记。捡拾物品在当日未被旅客取走的则上交失物招领处，并取回回执单留存。

每天在勤务结束后，移交员将暂存物品、旅客自弃物品及《暂存物品登记表》上交值班员兼信息统计员。

值班员兼信息统计员负责：对移交员上交来的暂存物品进行清点、签收，并保留《暂存物品登记表》；值班员兼信息统计员还要负责将暂存物品按日期分类，分别放置在相应的柜层中，以备以后旅客提取暂存物品时方便查找；负责对旅客自弃物品收存。

旅客凭"暂存物品收据"联在 30 日内领取暂存物品。物品保管员根据"暂存物品收据"上的日期、序列号找到旅客的暂存物品，经确认无误后返还领取人，同时，物品保管员将旅客手中的"暂存物品收据"联收回。

对于超过 30 天后无人认领的暂存物品应及时上交公安机关处理；对于已经返还的暂存物品，则在《暂存物品登记表》上注销，并将暂存表同无人认领物品一并上交。

对于旅客自弃的物品应定期回收处理。

（二）暂存、移交物品单据的填写和使用

1. 暂存物品单据的使用和填写

暂存物品是指不能由乘机旅客自己随身携带，旅客本人又不便于处置的物品。暂存物品单据是指具备物主姓名、证件号码、物品名称、标记、数量、新旧程度、存放期限、经办人和物主签名等项目的一式三联的单据。

在开具单据时必须按照单据所规定的项目逐项填写，不得漏项。暂存物品单据一式三联，第一联留存，第二联交给旅客，第三联贴于暂存物品上以便旅客领取。安检部门收存的暂存物品应设专人专柜妥善保管，不得丢失。

暂存单据有效期限一般为 30 天，逾期未领的，视为无人认领物品，交由民航公安机关处理。

2. 移交物品单据的使用和填写

移交是指安检部门在安全检查工作中遇到的问题按规定移交给各有关部门。这里所说的移交包括 3 个方面，即移交机场公安机关，移交机组，移交其他有关部门。移交时，要办理好交接手续，清点所有物品。

移交单据是指具有旅客姓名、证件号码、乘机航班、乘机日期、起飞时间、旅客座位号、始发地、目的地、物品名称、数量、经办人、接收人等项目的一式三联的单据。安检部门在检查工作中遇有问题移交时，需要填写三联单，让接收人签名后，将第一联留存，第二联交给旅客，第三联交接收人。移交单据妥善保管，以便存查。

对旅客遗留的物品，要登记清楚钱、物的数量、型号、日期，交专人妥善保管，方便旅客认领。

对旅客自弃的物品，安检部门要统一造册，妥善保管，经上级领导批准做出处理。

2017年坐飞机有了9项新规定,别一不小心被罚款

自2017年1月1日起,多个民航业新规都将正式施行,包括备受关注的《民用航空安全检查规则》《航班正常管理规定》《2017年航班正常考核指标和限制措施》······新规落地后,旅客在登机、安检、延误处置等环节都将面临不少改变。

那么,2017年坐飞机,有哪些事儿你必须知道?

【新规01】:部分机场可实现"一证通关"。"一证通关"是指乘客凭借有效身份证件,就可以顺利实现通关。民航专家表示,此举是国际航空运输协会推出的便捷出行项目之一,而无纸化登机牌早已用于实践,旅客仅凭有效身份证件和手机值机的二维码,就可完成登机。

【新规02】:14种违规情形或遭罚款。2016年10月28日,中国民航局发布《民用航空安全检查规则》,在民航安检工作特殊情况处置的章节中,提出14种违规情形应当报告公安机关。具体包括:使用伪造、变造的乘机身份证件或者乘机凭证的;冒用他人乘机身份证件或者乘机凭证的;伪报品名运输或者在航空货物中夹带危险品、违禁品、管制物品的;对民航安检工作现场及民航安检工作进行拍照、摄像,经民航安检机构警示拒不改正的等。

针对上述违规情形,民航安检机构未按要求采取特殊情况处置措施的,根据规定,将由民航行政机关责令民航安检机构设立单位限期改正,处一万元以下的罚款;逾期未改正的,处一万元以上三万元以下的罚款。

【新规03】:禁止随身携带的物品可暂存机场30天。《民用航空安全检查规则》还要求,对禁止旅客随身携带但可以托运的物品,民航安检机构应当告知旅客可作为行李托运、自行处置或者暂存处理。

对于旅客提出需要暂存的物品,民用运输机场管理机构应当为其提供暂存服务。暂存物品的存放期限不超过30天。民用运输机场管理机构应当提供条件,保管或处理旅客在民航安检工作中暂存、自弃、遗留的物品。

【新规04】:因天气、突发事件等原因延误,食宿费用旅客自理。自2017年1月1日起,由于天气、突发事件、空中交通管制、安检以及旅客等非承运人原因,造成航班在始发地出港延误或者取消,承运人应当协助旅客安排餐食和住宿,费用由旅客自理。

航空公司向旅客提供餐食或者住宿等服务的3种情况:(1)由于机务维护、航班调配、机组等承运人自身原因,造成航班在始发地出港延误或者取消;(2)在经停地延误或者取消;(3)航班发生备降。

【新规05】:机上延误超3个小时,航空公司可安排旅客下飞机等待。在发生机上延误后,承运人应当每30分钟向旅客通告延误原因、预计延误时间等航班动态信息。机上延误超过2小时(含)的,应当为机上旅客提供饮用水和食品;机上延误超过3个小时(含)且无明确起飞时间的,承运人应当在不违反航空安全、安全保卫规定的情况下,安排旅客下飞机等待。《航班正常管理规定》特别指出,机上延误期间,在不影响航空安全的前提下,承运人应当保证盥洗设备的正常使用。

【新规06】:携带贵重物品及残疾旅客不需要在公开场所安检。2017年1月1日起,如

有旅客携带贵重物品、旅客植入心脏起搏器或身患残疾等情况,旅客本人可要求在非公开场所进行安检。

【新规07】:随身充电宝携带不能超过100Wh。充电宝、锂电池等禁止作为行李托运。旅客随身携带时也有限定条件,标识全面清晰、额定能量小于或等于100Wh;当额定能量大于100Wh、小于或等于160Wh时必须经航空公司批准且每人限带两块。

【新规08】:球棒、球拍可以托运了。最新发布的《民航旅客禁止随身携带和托运物品目录》和《民航旅客限制随身携带或托运物品目录》中,对民航旅客禁止携带、托运的物品和限制随身携带或托运的物品进行了详细规定,对大家平时概念比较模糊的限制随身携带或托运的物品也进行了规定。

其中有的物品禁止随身携带但可以作为行李托运,例如菜刀、水果刀、球棒、球拍等,以及弹弓、弓、箭、胡椒喷剂、辣椒喷剂等危险物品。

【新规09】:航班也有"大考",异常航班超标或被停飞。民航局在总结近两年来航班延误治理经验的基础上,制定和公布了《2017年航班正常考核指标和限制措施》,要求自2017年1月1日起实施。对航空公司、机场、空管部门3个主要生产运营单位,分别提出了航班正常考核指标和限制措施。

资料来源:http://news.carnoc.com/list/385/385419.html

本章小结

(1) 物品检查的范围主要包括3个方面:一是对旅客、进入隔离区的工作人员随身携带的物品的检查;二是对随机托运行李物品的检查;三是对航空货物和邮件的检查。

(2) 开箱(包)检查一般是通过人的眼、耳、鼻、手等感官进行检查,根据不同的物品采取相应的检查方法。主要有以下几种常用方法:看、听、摸、拆、掂、捏、嗅、探、摇、烧、敲、开等。

(3) 危险货物包装标签分为两大类,即危险性标签和操作标签。

(4) 非管制刀具不准随身携带,可准予托运。

(5) 移交分为3个方面,即移交公安机关、移交其他有关部门和移交机组。

(6) 对旅客携带的限制随身携带物品,安检部门可予以定期暂存。办理暂存时,要开具单据并注明期限,旅客凭单据在规定期限内领取。逾期未领的,视为无人认领物品,交由机场公安机关处理。

综合练习

思考题

1. 移交的定义是什么?

2. 暂存的定义是什么?

3. 正确叙述枪支、弹药、管制刀具等违禁物品的处置方法。

参 考 文 献

[1] 王立军. 民航安全检查员[M]. 北京:中国民航出版社,2011.

[2] 魏全斌. 民航安全检查实务[M]. 北京:北京师范大学出版社,2014.

[3] 辜英智. 民航安全检查基础[M]. 成都:四川大学出版社,2013.

[4] 张晗. 民航安全检查[M]. 北京:机械工业出版社,2014.

[5] 汪泓. 机场运营管理[M]. 北京:清华大学出版社,2014.

[6]《中华人民共和国民用航空法》

[7]《中华人民共和国民用航空安全保卫条例》

[8]《中国民用航空安全检查规则》

附录 A　民用航空安全检查规则

第一章　总则

第一条　为了规范民用航空安全检查工作,防止对民用航空活动的非法干扰,维护民用航空运输安全,依据《中华人民共和国民用航空法》《中华人民共和国民用航空安全保卫条例》等有关法律、行政法规,制定本规则。

第二条　本规则适用于在中华人民共和国境内的民用运输机场进行的民用航空安全检查工作。

第三条　民用航空安全检查机构(以下简称"民航安检机构")按照有关法律、行政法规和本规则,通过实施民用航空安全检查工作(以下简称"民航安检工作"),防止未经允许的危及民用航空安全的危险品、违禁品进入民用运输机场控制区。

第四条　进入民用运输机场控制区的旅客及其行李物品,航空货物、航空邮件应当接受安全检查。拒绝接受安全检查的,不得进入民用运输机场控制区。国务院规定免检的除外。

旅客、航空货物托运人、航空货运销售代理人、航空邮件托运人应当配合民航安检机构开展工作。

第五条　中国民用航空局、中国民用航空地区管理局(以下统称"民航行政机关")对民航安检工作进行指导、检查和监督。

第六条　民航安检工作坚持安全第一、严格检查、规范执勤的原则。

第七条　承运人按照相关规定交纳安检费用,费用标准按照有关规定执行。

第二章　民航安检机构

第八条　民用运输机场管理机构应当设立专门的民航安检机构从事民航安检工作。

公共航空运输企业从事航空货物、邮件和进入相关航空货运区人员、车辆、物品的安全检查工作的,应当设立专门的民航安检机构。

第九条　设立民航安检机构的民用运输机场管理机构、公共航空运输企业(以下简称"民航安检机构设立单位")对民航安检工作承担安全主体责任,提供符合中国民用航空局(以下简称"民航局")规定的人员、经费、场地及设施设备等保障,提供符合国家标准或者行业标准要求的劳动防护用品,保护民航安检从业人员劳动安全,确保民航安检机构的正常运行。

第十条　民航安检机构的运行条件应当包括:

(一)符合民用航空安全保卫设施行业标准要求的工作场地、设施设备和民航安检信息管理系统。

（二）符合民用航空安全检查设备管理要求的民航安检设备。

（三）符合民用航空安全检查员定员定额等标准要求的民航安全检查员。

（四）符合本规则和《民用航空安全检查工作手册》要求的民航安检工作运行管理文件。

（五）符合民航局规定的其他条件。

第十一条 民航行政机关审核民用机场使用许可、公共航空运输企业运行合格审定申请时,应当对其设立的民航安检机构的运行条件进行审查。

第十二条 民航安检机构应当根据民航局规定,制定并实施民航安检工作质量控制和培训管理制度,并建立相应的记录。

第十三条 民航安检机构应当根据工作实际,适时调整本机构的民航安检工作运行管理文件,以确保持续有效。

第三章 民航安全检查员

第十四条 民航安检机构应当使用符合以下条件的民航安全检查员从事民航安检工作:

（一）具备相应岗位民航安全检查员国家职业资格要求的理论和技能水平。

（二）通过民用航空背景调查。

（三）完成民航局民航安检培训管理规定要求的培训。

对不适合继续从事民航安检工作的人员,民航安检机构应当及时将其调离民航安检工作岗位。

第十五条 民航安检现场值班领导岗位管理人员应当具备民航安全检查员国家职业资格三级以上要求的理论和技能水平。

第十六条 民航安全检查员执勤时应当着民航安检制式服装,佩戴民航安检专门标志。民航安检制式服装和专门标志式样和使用由民航局统一规定。

第十七条 民航安全检查员应当依据本规则和本机构民航安检工作运行管理文件的要求开展工作,执勤时不得从事与民航安检工作无关的活动。

第十八条 X 射线安检仪操作检查员连续操机工作时间不得超过 30 分钟,再次操作 X 射线安检仪间隔时间不得少于 30 分钟。

第十九条 民航安检机构设立单位应当根据国家和民航局、地方人民政府有关规定,为民航安全检查员提供相应的岗位补助、津贴和工种补助。

第二十条 民航安检机构设立单位或民航安检机构应当为安全检查员提供以下健康保护:

（一）每年不少于一次的体检并建立健康状况档案。

（二）除法定假期外,每年不少于两周的带薪休假。

（三）为怀孕期和哺乳期的女工合理安排工作。

第四章 民航安检设备

第二十一条 民航安检设备实行使用许可制度。用于民航安检工作的民航安检设备应当取得"民用航空安全检查设备使用许可证书",并在"民用航空安全检查设备使用许可证书"规定的范围内使用。

第二十二条 民航安检机构设立单位应当按照民航局规定,建立并运行民航安检设备的使用验收、维护、定期检测、改造及报废等管理制度,确保未经使用验收检测合格、未经定期检测合格的民航安检设备不得用于民航安检工作。

第二十三条 民航安检机构设立单位应当按照民航局规定,上报民航安检设备使用验收检测、定期检测、报废等相关信息。

第二十四条 从事民航安检设备使用验收检测、定期检测的人员应当通过民航局规定的培训。

第五章 民航安检工作实施

第一节 一般性规定

第二十五条 民航安检机构应当按照本机构民航安检工作运行管理文件组织实施民航安检工作。

第二十六条 公共航空运输企业、民用运输机场管理机构应当在售票、值机环节和民航安检工作现场待检区域,采用多媒体、实物展示等多种方式,告知公众民航安检工作的有关要求、通告。

第二十七条 民航安检机构应当按照民航局要求,实施民航安全检查安全信用制度。对有民航安检违规记录的人员和单位进行安全检查时,采取从严检查措施。

第二十八条 民航安检机构设立单位应当在民航安检工作现场设置禁止拍照、摄像警示标识。

第二节 旅客及其行李物品的安全检查

第二十九条 旅客及其行李物品的安全检查包括证件检查、人身检查、随身行李物品检查、托运行李检查等。安全检查方式包括设备检查、手工检查及民航局规定的其他安全检查方式。

第三十条 旅客不得携带或者在行李中夹带民航禁止运输物品,不得违规携带或者在行李中夹带民航限制运输物品。民航禁止运输物品、限制运输物品的具体内容由民航局制定并发布。

第三十一条 乘坐国内航班的旅客应当出示有效乘机身份证件和有效乘机凭证。对旅客、有效乘机身份证件、有效乘机凭证信息一致的,民航安检机构应当加注验讫标识。

有效乘机身份证件的种类包括:中华人民共和国居民身份证或临时居民身份证、护照、军官证、文职干部证、义务兵证、士官证、文职人员证、职工证、武警警官证、武警士兵证、海员证,中国香港、澳门地区居民的港澳居民来往内地通行证,中国台湾地区居民的台湾居民来往大陆通行证;外籍旅客的护照、外交部签发的驻华外交人员证、外国人永久居留证;民航局规定的其他有效乘机身份证件。

十六周岁以下的未成年人的有效乘机身份证件,包括出生医学证明、户口簿、学生证或户口所在地公安机关出具的身份证明。

第三十二条　旅客应当依次通过人身安检设备接受人身检查。对通过人身安检设备检查报警的旅客,民航安全检查员应当对其采取重复通过人身安检设备或手工人身检查的方法进行复查,排除疑点后方可放行。对通过人身安检设备检查不报警的旅客可以随机抽查。

旅客在接受人身检查前,应当将随身携带的可能影响检查效果的物品,包括金属物品、电子设备、外套等取下。

第三十三条　手工人身检查一般由与旅客同性别的民航安全检查员实施;对女性旅客的手工人身检查,应当由女性民航安全检查员实施。

第三十四条　残疾旅客应当接受与其他旅客同样标准的安全检查。接受安全检查前,残疾旅客应当向公共航空运输企业确认具备乘机条件。

残疾旅客的助残设备、服务犬等应当接受安全检查。服务犬接受安全检查前,残疾旅客应当为其佩戴防咬人、防吠叫装置。

第三十五条　对要求在非公开场所进行安全检查的旅客,如携带贵重物品、植入心脏起搏器的旅客和残疾旅客等,民航安检机构可以对其实施非公开检查。检查一般由两名以上与旅客同性别的民航安全检查员实施。

第三十六条　对有下列情形的,民航安检机构应当实施从严检查措施:

(一)经过人身检查复查后仍有疑点的。

(二)试图逃避安全检查的。

(三)旅客有其他可疑情形,正常检查无法排除疑点的。

从严检查措施应当由两名以上与旅客同性别的民航安全检查员在特别检查室实施。

第三十七条　旅客的随身行李物品应当经过民航行李安检设备检查。发现可疑物品时,民航安检机构应当实施开箱包检查等措施,排除疑点后方可放行。对没有疑点的随身行李物品可以实施开箱包抽查。实施开箱包检查时,旅客应当在场并确认箱包归属。

第三十八条　旅客的托运行李应当经过民航行李安检设备检查。发现可疑物品时,民航安检机构应当实施开箱包检查等措施,排除疑点后方可放行。对没有疑点的托运行李可以实施开箱包抽查。实施开箱包检查时旅客应当在场并确认箱包归属,但是公共航空运输企业与旅客有特殊约定的除外。

第三十九条　根据国家有关法律法规和民航危险品运输管理规定等相关要求,属于经公共航空运输企业批准方能作为随身行李物品或者托运行李运输的特殊物品,旅客凭公共航空运输企业同意承运证明,经安全检查确认安全后放行。

公共航空运输企业应当向旅客通告特殊物品目录及批准程序,并与民航安检机构明确特殊物品批准和信息传递程序。

第四十条　对液体、凝胶、气溶胶等液态物品的安全检查,按照民航局规定执行。

第四十一条　对禁止旅客随身携带但可以托运的物品,民航安检机构应当告知旅客可作为行李托运、自行处置或者暂存处理。

对于旅客提出需要暂存的物品,民用运输机场管理机构应当为其提供暂存服务。暂存物品的存放期限不超过 30 天。

民用运输机场管理机构应当提供条件,保管或处理旅客在民航安检工作中暂存、自弃、遗留的物品。

第四十二条 对来自境外,且在境内民用运输机场过站或中转的旅客及其行李物品,民航安检机构应当实施安全检查。但与中国签订互认航空安保标准条款的除外。

第四十三条 对来自境内,且在境内民用运输机场过站或中转的旅客及其行李物品,民航安检机构不再实施安全检查。但旅客及其行李物品离开候机隔离区或与未经安全检查的人员、物品相混或者接触的除外。

第四十四条 经过安全检查的旅客进入候机隔离区以前,民航安检机构应当对候机隔离区实施清场,实施民用运输机场控制区 24 小时持续安保管制的机场除外。

第三节 航空货物、航空邮件的安全检查

第四十五条 航空货物应当依照民航局规定,经过安全检查或者采取其他安全措施。

第四十六条 对航空货物实施安全检查前,航空货物托运人、航空货运销售代理人应当提交航空货物安检申报清单和经公共航空运输企业或者其地面服务代理人审核的航空货运单等民航局规定的航空货物运输文件资料。

第四十七条 航空货物应当依照航空货物安检要求通过民航货物安检设备检查。检查无疑点的,民航安检机构应当加注验讫标识放行。

第四十八条 对通过民航货物安检设备检查有疑点、图像不清或者图像显示与申报不符的航空货物,民航安检机构应当采取开箱包检查等措施,排除疑点后加注验讫标识放行。无法排除疑点的,应当加注退运标识作退运处理。

开箱包检查时,托运人或者其代理人应当在场。

第四十九条 对单体超大、超重等无法通过航空货物安检设备检查的航空货物,装入航空器前应当采取隔离停放至少 24 小时安全措施,并实施爆炸物探测检查。

第五十条 对航空邮件实施安全检查前,邮政企业应当提交经公共航空运输企业或其地面服务代理人审核的邮包录单和详细邮件品名、数量清单等文件资料或者电子数据。

第五十一条 航空邮件应当依照航空邮件安检要求通过民航货物安检设备检查,检查无疑点的,民航安检机构应当加注验讫标识放行。

第五十二条 航空邮件通过民航货物安检设备检查有疑点、图像不清或者图像显示与申报不符的,民航安检机构应当会同邮政企业采取开箱包检查等措施,排除疑点后加注验讫标识放行。无法开箱包检查或无法排除疑点的,应当加注退运标识退回邮政企业。

第四节 其他人员、物品及车辆的安全检查

第五十三条 进入民用运输机场控制区的其他人员、物品及车辆,应当接受安全检查。拒绝接受安全检查的,不得进入民用运输机场控制区。

对其他人员及物品的安全检查方法与程序应当与对旅客及行李物品检查方法和程序一致,有特殊规定的除外。

第五十四条 对进入民用运输机场控制区的工作人员,民航安检机构应当核查民用运输机场控制区通行证件,并对其人身及携带物品进行安全检查。

第五十五条 对进入民用运输机场控制区的车辆,民航安检机构应当核查民用运输机场控制区车辆通行证件,并对其车身、车底及车上所载物品进行安全检查。

第五十六条 对进入民用运输机场控制区的工具、物料或者器材,民航安检机构应当根据相关单位提交的工具、物料或者器材清单进行安全检查、核对和登记,带出时予以核销。工具、物料和器材含有民航禁止运输物品或限制运输物品的,民航安检机构应当要求其同时提供民用运输机场管理机构同意证明。

第五十七条 执行飞行任务的机组人员进入民用运输机场控制区的,民航安检机构应当核查其民航空勤通行证件和民航局规定的其他文件,并对其人身及物品进行安全检查。

第五十八条 对进入民用运输机场控制区的民用航空监察员,民航安检机构应当核查其民航行政机关颁发的通行证并对其人身及物品进行安全检查。

第五十九条 对进入民用运输机场控制区的航空配餐和机上供应品,民航安检机构应当核查车厢是否锁闭,签封是否完好,签封编号与运输台账记录是否一致。必要时可以进行随机抽查。

第六十条 民用运输机场管理机构应当对进入民用运输机场控制区的商品进行安全备案并进行监督检查,防止进入民用运输机场控制区内的商品含有危害民用航空安全的物品。

对进入民用运输机场控制区的商品,民航安检机构应当核对商品清单和民用运输机场商品安全备案目录一致,并对其进行安全检查。

第六章 民航安检工作特殊情况处置

第六十一条 民航安检机构应当依照本机构突发事件处置预案,定期实施演练。

第六十二条 已经安全检查的人员、行李、物品与未经安全检查的人员、行李、物品不得相混或接触。如发生相混或接触,民用运输机场管理机构应当采取以下措施:

(一)对民用运输机场控制区相关区域进行清场和检查。

(二)对相关出港旅客及其随身行李物品再次安全检查。

(三)如旅客已进入航空器,应当对航空器客舱进行航空器安保检查。

第六十三条 有下列情形之一的,民航安检机构应当报告公安机关:

(一)使用伪造、变造的乘机身份证件或者乘机凭证的。

(二)冒用他人乘机身份证件或者乘机凭证的。

(三)随身携带或者托运属于国家法律法规规定的危险品、违禁品、管制物品的。

(四)随身携带或者托运本条第三项规定以外民航禁止运输、限制运输物品,经民航安检机构发现提示仍拒不改正,扰乱秩序的。

(五)在行李物品中隐匿携带本条第三项规定以外民航禁止运输、限制运输物品,扰乱秩序的。

(六)伪造、变造、冒用危险品航空运输条件鉴定报告或者使用伪造、变造的危险品航空运输条件鉴定报告的。

(七)伪报品名运输或者在航空货物中夹带危险品、违禁品、管制物品的。

(八)在航空邮件中隐匿、夹带运输危险品、违禁品、管制物品的。

(九)故意散播虚假非法干扰信息的。

(十)对民航安检工作现场及民航安检工作进行拍照、摄像,经民航安检机构警示拒不改正的。

（十一）逃避安全检查或者殴打辱骂民航安全检查员或者其他妨碍民航安检工作正常开展,扰乱民航安检工作现场秩序的。

（十二）清场、航空器安保检查、航空器安保搜查中发现可疑人员或者物品的。

（十三）发现民用机场公安机关布控的犯罪嫌疑人的。

（十四）其他危害民用航空安全或者违反治安管理行为的。

第六十四条 有下列情形之一的,民航安检机构应当采取紧急处置措施,并立即报告公安机关:

（一）发现爆炸物品、爆炸装置或者其他重大危险源的。

（二）冲闯、堵塞民航安检通道或者民用运输机场控制区安检道口的。

（三）在民航安检工作现场向民用运输机场控制区内传递物品的。

（四）破坏、损毁、占用民航安检设备设施、场地的。

（五）其他威胁民用航空安全,需要采取紧急处置措施行为的。

第六十五条 有下列情形之一的,民航安检机构应当报告有关部门处理:

（一）发现涉嫌走私人员或者物品的。

（二）发现违规运输航空货物的。

（三）发现不属于公安机关管理的危险品、违禁品、管制物品的。

第六十六条 威胁增加时,民航安检机构应当按照威胁等级管理办法的有关规定调整安全检查措施。

第六十七条 民航安检机构应当根据本机构实际情况,与相关单位建立健全应急信息传递及报告工作程序,并建立记录。

第七章 监督检查

第六十八条 民航行政机关及民用航空监察员依法对民航安检工作实施监督检查,行使以下职权:

（一）审查并持续监督民航安检机构的运行条件符合民航局有关规定。

（二）制定民航安检工作年度监督检查计划,并依据监督检查计划开展监督检查工作。

（三）进入民航安检机构及其设立单位进行检查,调阅有关资料,向有关单位和人员了解情况。

（四）对检查中发现的问题,当场予以纠正或者规定限期改正。对依法应当给予行政处罚的行为,依法作出行政处罚决定。

（五）对检查中发现的安全隐患,规定有关单位及时处理,对重大安全隐患实施挂牌督办。

（六）对有根据认为不符合国家标准或者行业标准的设施、设备予以查封或者扣押,并依法做出处理决定。

（七）依法对民航安检机构及其设立单位的主要负责人、直接责任人进行行政约见或者警示性谈话。

第六十九条　民航安检机构及其设立单位应当积极配合民航行政机关依法履行监督检查职责,不得拒绝、阻挠。对民航行政机关依法做出的监督检查书面记录,被检查单位负责人应当签字,拒绝签字的,民用航空监察员应当将情况记录在案,并向民航行政机关报告。

第七十条　民航行政机关应当建立民航安检工作违法违规行为信息库,如实记录民航安检机构及其设立单位的违法行为信息。对违法行为情节严重的单位,应当纳入行业安全评价体系,并通报其上级政府主管部门。

第七十一条　民航行政机关应当建立民航安检工作奖励制度,对保障空防安全、地面安全以及在突发事件处置、应急救援等方面有突出贡献的集体和个人,按贡献给予不同级别的奖励。

第七十二条　民航行政机关应当建立举报制度,公开举报电话、信箱或者电子邮件地址,受理并负责调查民航安检工作违法违规行为的举报。

任何单位和个人发现民航安检机构运行存在安全隐患或者未按照规定实施民航安检工作的,有权向民航行政机关报告或者举报。

民航行政机关应当依照国家有关奖励办法,对报告重大安全隐患或者举报民航安检工作违法违规行为的有功人员,给予奖励。

第八章　法律责任

第七十三条　违反本规则第十条规定,民用运输机场管理机构设立的民航安检机构运行条件不符合本规则要求的,由民航行政机关责令民用运输机场限期改正;逾期不改正的或者经改正仍不符合要求的,由民航行政机关依据《民用机场管理条例》第六十八条对民用运输机场做出限制使用的决定,情节严重的,吊销民用运输机场使用许可证。

第七十四条　民航安检机构设立单位的决策机构、主要负责人不能保证民航安检机构正常运行所必需的资金投入,致使民航安检机构不具备运行条件的,由民航行政机关依据《中华人民共和国安全生产法》第九十条责令限期改正,提供必需的资金;逾期未改正的,责令停产停业整顿。

第七十五条　有下列情形之一的,由民航行政机关依据《中华人民共和国安全生产法》第九十四条责令民航安检机构设立单位改正,可以处五万元以下的罚款;逾期未改正的,责令停产停业整顿,并处五万元以上十万元以下的罚款,对其直接负责的主管人员和其他直接责任人员处一万元以上两万元以下的罚款:

(一)违反第十二条规定,未按要求开展培训工作或者未如实记录民航安检培训情况的。

(二)违反第十四、十五条规定,民航安全检查员未按要求经过培训并具备岗位要求的理论和技能水平,上岗执勤的。

(三)违反第二十四条规定,人员未按要求经过培训,从事民航安检设备使用验收检测、定期检测工作的。

(四)违反第六十一条规定,未按要求制定突发事件处置预案或者未定期实施演练的。

第七十六条　有下列情形之一的,由民航行政机关依据《中华人民共和国安全生产法》

第九十六条责令民航安检机构设立单位限期改正,可以处五万元以下的罚款;逾期未改正的,处五万元以上二十万元以下的罚款,对其直接负责的主管人员和其他直接责任人员处一万元以上两万元以下的罚款;情节严重的,责令停产停业整顿:

(一)违反第二十一、二十二条规定,民航安检设备的安装、使用、检测、改造不符合国家标准或者行业标准的。

(二)违反本规则第二十二条规定,使用定期检测不合格的民航安检设备的。

(三)违反第二十二条规定,未按要求对民航安检设备进行使用验收、维护、定期检测的。

第七十七条　违反本规则有关规定,民航安检机构或者民航安检机构设立单位未采取措施消除安全隐患的,由民航行政机关依据《中华人民共和国安全生产法》第九十九条责令民航安检机构设立单位立即消除或者限期消除;民航安检机构设立单位拒不执行的,责令停产停业整顿,并处十万元以上五十万元以下的罚款,对其直接负责的主管人员和其他直接责任人员处两万元以上五万元以下的罚款。

第七十八条　违反本规则第六十九条规定,民航安检机构或者民航安检机构设立单位拒绝、阻碍民航行政机关依法开展监督检查的,由民航行政机关依据《中华人民共和国安全生产法》第一〇五条责令改正;拒不改正的,处两万元以上二十万元以下的罚款;对其直接负责的主管人员和其他直接责任人员处一万元以上两万元以下的罚款。

第七十九条　有下列情形之一的,由民航行政机关责令民航安检机构设立单位限期改正,处一万元以下的罚款;逾期未改正的,处一万元以上三万元以下的罚款:

(一)违反第八条规定,未设置专门的民航安检机构的。

(二)违反第十二条规定,未依法制定或者实施民航安检工作质量控制管理制度或者未如实记录质量控制工作情况的。

(三)违反第十三条规定,未根据实际适时调整民航安检工作运行管理手册的。

(四)违反第十四条第二款规定,未及时调离不适合继续从事民航安检工作人员的。

(五)违反第十八条规定,X射线安检仪操作检查员工作时间制度不符合要求的。

(六)违反第十九、二十条规定,未依法提供劳动健康保护的。

(七)违反第二十三条规定,未按规定上报民航安检设备信息的。

(八)违反第二十五条规定,未按照民航安检工作运行管理手册组织实施民航安检工作的。

(九)违反第二十八条规定,未在民航安检工作现场设置禁止拍照、摄像警示标识的。

(十)违反第六十二、六十三、六十四、六十五、六十六条规定,未按要求采取民航安检工作特殊情况处置措施的。

(十一)违反第六十七条规定,未按要求建立或者运行应急信息传递及报告程序或者未按要求记录应急信息的。

第八十条　违反第二十六条规定,公共航空运输企业、民用运输机场管理机构未按要求宣传、告知民航安检工作规定的,由民航行政机关责令限期改正,处一万元以下的罚款;逾期未改正的,处一万元以上三万元以下的罚款。

第八十一条　违反第三十九条第二款规定,公共航空运输企业未按要求向旅客通告特殊物品目录及批准程序或者未按要求与民航安检机构建立特殊物品和信息传递程序的,由民航行政机关责令限期改正,处一万元以下的罚款;逾期未改正的,处一万元以上三万元以下的罚款。

第八十二条　有下列情形之一的,由民航行政机关责令民用运输机场管理机构限期改正,处一万元以上三万元以下的罚款;逾期未改正的,处一万元以上三万元以下的罚款:

(一)违反第四十一条第二款规定,民用运输机场管理机构未按要求为旅客提供暂存服务的。

(二)违反第四十一条第三款规定,民用运输机场管理机构未按要求提供条件,保管或者处理旅客暂存、自弃、遗留物品的。

(三)违反第六十条第一款规定,民用运输机场管理机构未按要求履行监督检查管理职责的。

第八十三条　有下列情形之一的,由民航安检机构予以纠正,民航安检机构不履行职责的,由民航行政机关责令改正,并处一万元以上三万元以下的罚款:

(一)违反第十六条规定,民航安全检查员执勤时着装或者佩戴标志不符合要求的。

(二)违反第十七条规定,民航安全检查员执勤时从事与民航安检工作无关活动的。

(三)违反第五章第二、三、四节规定,民航安全检查员不服从管理,违反规章制度或者操作规程的。

第八十四条　有下列情形之一的,由民航行政机关的上级部门或者监察机关责令改正,并根据情节对直接负责的主管人员和其他直接责任人员依法给予处分:

(一)违反第十一条规定,未按要求审核民航安检机构运行条件或者提供虚假审核意见的。

(二)违反第六十八条规定,未按要求有效履行监督检查职能的。

(三)违反第七十条规定,未按要求建立民航安检工作违法违规行为信息库的。

(四)违反第七十一条规定,未按要求建立或者运行民航安检工作奖励制度的。

(五)违反第七十二条规定,未按要求建立或者运行民航安检工作违法违规行为举报制度的。

第八十五条　民航安检机构设立单位及民航安全检查员违规开展民航安检工作,造成安全事故的,按照国家有关规定追究相关单位和责任人员的法律责任。

第八十六条　违反本规则有关规定,行为构成犯罪的,依法追究刑事责任。

第八十七条　违反本规则有关规定,行为涉及民事权利义务纠纷的,依照民事权利义务法律法规处理。

第九章　附则

第八十八条　本规则下列用语定义:

(一)"民用运输机场",是指为从事旅客、货物运输等公共航空运输活动的民用航空器提供起飞、降落等服务的机场。包括民航运输机场和军民合用机场的民用部分。

（二）"民用航空安全检查工作"，是指对进入民用运输机场控制区的旅客及其行李物品，其他人员、车辆及物品和航空货物、航空邮件等进行安全检查的活动。

（三）"航空货物"，是指除航空邮件、凭"客票及行李票"运输的行李、航空危险品外，已由或者将由民用航空运输的物品，包括普通货物、特种货物、航空快件、凭航空货运单运输的行李等。

（四）"航空邮件"，是指邮政企业通过航空运输方式寄递的信件、包裹等。

（五）"民航安全检查员"，是指持有民航安全检查员国家职业资格证书并从事民航安检工作的人员。

（六）"民航安检现场值班领导岗位管理人员"，是指在民航安检工作现场，负责民航安检勤务实施管理和应急处置管理工作的岗位。民航安检工作现场包括旅客人身及随身行李物品安全检查工作现场、托运行李安全检查工作现场、航空货邮安全检查工作现场、其他人员安全检查工作现场及民用运输机场控制区道口安全检查工作现场等。

（七）"旅客"，是指经公共航空运输企业同意在民用航空器上载运的除机组成员以外的任何人。

（八）"其他人员"，是指除旅客以外的，因工作需要，经安全检查进入机场控制区或者民用航空器的人员，包括但不限于机组成员、工作人员、民用航空监察员等。

（九）"行李物品"，是指旅客在旅行中为穿着、使用、舒适或者方便的需要而携带的物品和其他个人财物。包括随身行李物品、托运行李。

（十）"随身行李物品"，是指经公共航空运输企业同意，由旅客自行负责照管的行李和自行携带的零星小件物品。

（十一）"托运行李"，是指旅客交由公共航空运输企业负责照管和运输并填开行李票的行李。

（十二）"液态物品"，包括液体、凝胶、气溶胶等形态的液态物品。其包括但不限于水和其他饮料、汤品、糖浆、炖品、酱汁、酱膏；盖浇食品或汤类食品；油膏、乳液、化妆品和油类；香水；喷剂；发胶和沐浴胶等凝胶；剃须泡沫、其他泡沫和除臭剂等高压罐装物品（例如气溶胶）；牙膏等膏状物品；凝固体合剂；睫毛膏；唇彩或唇膏；或室温下稠度类似的任何其他物品。

（十三）"重大危险源"，是指具有严重破坏能力且必须立即采取防范措施的物质。

（十四）"航空器安保检查"，是指对旅客可能已经进入的航空器内部的检查和对货舱的检查，目的在于发现可疑物品、武器、爆炸物或其他装置、物品和物质。

（十五）"航空器安保搜查"，是指对航空器内部和外部进行彻底检查，目的在于发现可疑物品、武器、爆炸物或其他危险装置、物品和物质。

第八十九条　危险品航空运输按照民航局危险品航空运输有关规定执行。

第九十条　在民用运输机场运行的公务航空运输活动的安全检查，由民航局另行规定。

第九十一条　在民用运输机场控制区以外区域进行的安全检查活动，参照本规则有关规定执行。

第九十二条　本规则自 2017 年 1 月 1 日起施行。1999 年 6 月 1 日起施行的《中国民用航空安全检查规则》（民航总局令第 85 号）同时废止。

附录 B 民航安全检查员国家职业标准

一、职业概况

（一）职业名称

民航安全检查员。

（二）职业定义

对乘坐民用航空器的旅客及其行李、进入候机隔离区的其他人员及其物品，以及空运货物、邮件实施安全检查的人员。

（三）职业等级

本职业共设四个等级，分别为：初级安全检查员（国家职业资格五级）、中级安全检查员（国家职业资格四级）、高级安全检查员（国家职业资格三级）、主任安全检查员（国家职业资格二级）。

（四）职业环境

室内，常温。

（五）职业能力特征

具有较强的表达能力和空间感、形体知觉、嗅觉，手指、手臂灵活，动作协调；无残疾，无重听，无口吃，无色盲、色弱，矫正视力在 5.0 以上；身体健康，五官端正，男性身高在 1.65 米以上，女性身高在 1.60 米以上。

（六）基本文化程度

高中毕业（或同等学力）。

（七）培训要求

1. 培训期限

全日制职业学校教育，根据其培养目标和教学计划确定。晋级培训期限：初级安全检查员不少于 300 标准学时；中级安全检查员不少于 200 标准学时；高级安全检查员不少于 200 标准学时；主任安全检查员不少于 200 标准学时。

2. 培训教师

培训教师应当具有大专及以上文化程度，具备系统的安全检查知识，一定的实际工作经验和丰富的教学经验，良好的语言表达能力。培训教师也应具有相应级别：培训初、中级安全检查员的教师应具有本职业三级（高级安全检查员）及以上职业资格证书并从事安全检查工作 5 年以上；培训高级安全检查员的教师应具有本职业二级（主任安全检查员）职业资格证书或具有本职业三级职业资格证书并从事安全检查工作 10 年以上；培训主任安全检查员的教师应具有本职业二级职业资格证书 2 年以上。

3. 培训场地设备

应具有满足教学要求的培训教室、教学设备,以及必要的安全检查员计算机培训测试系统、安全检查设备、违禁物品等。

(八) 鉴定要求

1. 适用对象

从事或准备从事本职业的人员。

2. 申报条件

初级安全检查员,即具备以下条件之一者:

(1) 在本职业连续见习工作 1 年以上(含 1 年)。

(2) 经本职业初级正规培训达规定标准学时数,并取得培训合格证书。

中级安全检查员,即具备以下条件之一者:

(1) 取得本职业五级(初级安全检查员)职业资格证书后,连续从事本职业工作 2 年以上,经本职业中级正规培训达规定标准学时数,并取得培训合格证书。

(2) 取得本职业五级职业资格证书后,连续从事本职业工作 4 年以上。

(3) 中专以上(含中专)本专业毕业生,取得本职业五级职业资格证书后,连续从事本职业工作 1 年以上,经本职业中级正规培训达规定标准学时数,并取得培训合格证书。

高级安全检查员,即具备以下条件之一者:

(1) 取得本职业四级(中级安全检查)职业资格证书后,连续从事本职业工作 3 年以上,经本职业高级正规培训达规定标准学时数,并取得培训合格证书。

(2) 取得本职业四级职业资格证书后,连续从事本职业工作 5 年以上。

(3) 大专以上(含大专)本专业毕业生,取得本职业四级职业资格证书后,连续从事本职业工作 1 年以上,经本职业高级正规培训达规定标准学时数,并取得培训合格证书。

主任安全检查员,即具备以下条件之一者:

(1) 取得本职业三级职业资格证书后,在安检现场值班领导岗位工作 2 年以上,经本职业技师正规培训达规定标准学时数,并取得培训合格证书。

(2) 取得本职业三级职业资格证书后,连续从事本职业工作 6 年以上。

3. 鉴定方式

分为理论知识考试和技能操作考核。理论知识考试采用闭卷笔试方式,技能操作考核采用模拟现场操作方式。理论知识考试和技能操作考核均实行百分制,成绩皆达 60 分以上者为合格。技师还须进行综合评审。

初级安全检查员技能操作考核项目分为三个鉴定模块,每个模块的考核成绩均达到本模块分值的 60%(含)以上,则技能操作考核合格。

4. 考评人员与考生配比

理论知识考试考评人员与考生配比为 1:20,每个标准教室不少于 2 名考评人员;技能操作考核考评员与考生配比为 1:5,且不少于 3 名考评员,综合评审委员不少于 5 人。

5. 鉴定时间

理论知识考试为 90 分钟,技能操作考核为 60 分钟;综合评审时间不少于 30 分钟。

6. 鉴定场所设备

理论知识考试在标准教室进行。技能操作考核在模拟现场或实际工作现场进行。

二、基本要求

（一）职业道德

1. 职业道德基本知识

2. 职业守则

（1）爱岗敬业，忠于职守。

（2）钻研业务，提高技能。

（3）遵纪守法，严格检查。

（4）文明执勤，优质服务。

（5）团结友爱，协作配合。

（二）基础知识

1. 航空运输基础知识

（1）航空器概念及飞机结构基本知识。

（2）航线、航班与班期时刻表知识。

（3）国内主要航空公司概况。

（4）民航客、货运输基础知识。

2. 航空安全保卫法律、法规知识

（1）国际民航组织相关公约的知识。

（2）《中华人民共和国民用航空法》的相关知识。

（3）《中华人民共和国民用航空安全保卫条例》的相关知识。

（4）《中国民用航空安全检查规则》的相关知识。

3. 物品检查知识

（1）禁止旅客随身携带或者托运的物品。

（2）禁止旅客随身携带但可作为行李托运的物品。

（3）乘机旅客限量随身携带的生活用品及数量。

（4）爆炸物处置基本原则。

4. 监护工作知识

（1）隔离区监控程序、方法和重点部位。

（2）隔离区清场内容、方法和重点部位。

（3）隔离区内无人认领物品的处理方法。

（4）飞机清舱的程序和重点部位。

（5）飞机监护工作知识。

5. 劳动保护知识

（1）工作现场的环境要求。

（2）安检设备的安全操作与防护知识。

（3）《中华人民共和国劳动法》的相关知识。

6．英语知识

（1）安全检查常用工作词汇。

（2）安全检查常用工作会话。

7．公关礼仪基本知识

（1）言谈、举止、着装规范。

（2）主要服务忌语。

（3）称呼与礼貌用语。

（4）国内少数民族和外国风土人情常识。

（5）旅客服务心理学基础知识。

（6）涉外工作常识。

8．机场联检部门工作常识

（1）边防检查部门的主要工作职责。

（2）海关的主要任务。

（3）检验检疫的主要任务。

三、工作要求

本标准对初级、中级、高级和主任安全检查员的技能要求依次递进，高级别涵盖低级别的要求。

（一）初级安全检查员

初级安全检查员的职业功能及工作内容如表 B-1 所示。

表 B-1　初级检查员职能

职业功能	工作内容	技能要求	相关知识
证件检查	证件核查	1．能识别有效乘机证件、客票、登机牌 2．能识别涂改证件 3．能识别伪造、变造证件 4．能识别冒名顶替的证件 5．能识别过期、破损证件 6．能识别有效机场控制区通行证件	1．验证检查岗位职责 2．乘机有效身份证种类、式样 3．证件检查的程序和方法 4．验证岗位检查的注意事项 5．机场控制区通行证件的种类和使用范围 6．居民身份证的有效期和编号规则 7．居民身份证一般防伪标识 8．临时身份证明的要素 9．主要国家的三字母代码表
	情况处置	1．能适时验放旅客 2．能查缉与有效控制布控人员	1．安检验讫章使用管理制度 2．布控人员的查缉方法
人身检查	设备准备	1．能测试通过式金属探测门是否处于工作状态 2．能测试手持金属探测器是否处于工作状态	1．通过式金属探测门的工作原理 2．通过式金属探测门的性能特点 3．影响通过式金属探测门探测的因素 4．手持金属探测器的工作原理
	实施检查	1．能使用通过式金属探测门和手持金属探测器实施人身检查 2．能按规定程序实施手工人身检查	1．人身检查岗位职责 2．人身检查的方法 3．人身检查的要领和程序 4．人身检查的注意事项 5．人身检查的重点对象和重点部位

职业功能	工作内容	技能要求	相关知识
物品检查	开箱(包)检查	1. 能按规定程序实施开箱(包)检查 2. 能对常见物品进行检查 3. 能看懂危险品、违禁品的国际通用标识	1. 开箱(包)检查的岗位职责 2. 开箱(包)检查的程序、方法 3. 开箱(包)检查的重点对象 4. 开箱(包)检查的注意事项 5. 物品的检查方法 6. 危险品、违禁品的国际通用标识知识
	情况处置	1. 能处理枪支、弹药、管制刀具等违禁物品 2. 能处理遗留、自弃、移交、暂存物品 3. 能填写暂存、移交物品单据 4. 能进行 X 射线机紧急关机	1. 常见违禁物品的处理办法 2. 常见易燃、易爆、腐蚀性、毒害性物品的种类 3. 暂存、移交物品单据的填写要求 4. X 射线机关机程序

（二）中级安全检查员

中级安全检查员的职业功能及工作内容如表 B-2 所示。

表 B-2　中级安全检查员职能

职业功能	工作内容	技能要求	相关知识
证件检查	证件核查	能使用证件鉴别仪器核查身份证件	1. 证件制作的材料知识 2. 证件防伪的技术方法 3. 伪假证件的特征 4. 识别伪假居民身份证的主要技术方法 5. 护照的防伪方法
	情况处置	1. 能对旅客持涂改、伪造、变造、冒名顶替证件的情况进行处理 2. 能对旅客持过期身份证件的情况进行处理 3. 能对旅客因故不能出示居民身份证件的情况进行处理	1. 涂改、伪造、变造、冒名顶替证件的处理方法 2. 过期身份证件的处理方法 3. 旅客因故不能出示居民身份证件的处理方法
物品检查	设备准备	1. 能按要求完成 X 射线机开、关机 2. 能根据 X 射线机自检情况判断其是否处于正常工作状态	1. X 射线机的种类 2. X 射线基本知识 3. X 射线机的工作原理 4. X 射线机操作规程 5. X 射线机的穿透力指标 6. X 射线机的空间分辨率指标
	实施 X 射线检查	1. 能利用 X 射线机功能键进行图像识别 2. 能识别常见物品的 X 射线图像 3. 能识别各类危险品、违禁品的图像 4. 能利用 X 射线机图像颜色定义分辨被检物品 5. 能利用 X 射线机不同灰度级含义分辨被检物品	1. X 射线机操作员的职责 2. X 射线机操作键的功能 3. X 射线机图像颜色的含义 4. X 射线机图像不同灰度的含义 5. 物品摆放角度与 X 射线图像显示的关系 6. 显示器的色饱和度和亮度的含义 7. 识别 X 射线图像的主要方法 8. 违禁品 X 射线图像特征 9. 常见易燃、易爆、腐蚀性、毒害性物品的性状

职业功能	工作内容	技能要求	相关知识
物品检查	情况处置	1. 能对异常物品进行检查 2. 能对特殊物品进行检查 3. 能处置危险品、违禁品 4. 能处理国家法律法规规定的其他禁止携带、运输的物品 5. 能处理国家法律法规规定的其他限制携带、运输的物品 6. 能对可疑邮件、货物进行处理	1. 不易确定性质的粉末状物品的检查方法 2. 外形怪异、包装奇特的物品的检查方法 3. 机要文件、密码机的检查方法 4. 机密尖端产品的检查方法 5. 外汇箱(袋)的检查方法 6. 外交、信使邮袋的检查方法 7. 危险品、违禁品的处理要求 8. 国家法律法规有关其他禁止携带、运输物品的规定 9. 国家法律法规有关其他限制携带、运输物品的规定 10. 可疑邮件、货物的处理要求

（三）高级安全检查员

高级安全检查员的职业功能及工作内容如表 B-3 所示。

表 B-3　高级安全检查员的职能

职业功能	工作内容	技能要求	相关知识
物品检查	设备准备	1. 能根据爆炸物探测设备自检情况判断其是否处于正常工作状态 2. 能判断网络型行李检查设备是否处于正常工作状态	1. 爆炸物探测设备操作规程 2. 网络型行李检查系统基础知识
	情况处置	1. 能看懂危险品、违禁品英文品名 2. 能借助词典读懂物品英文说明书 3. 能识别制式、非制式爆炸装置 4. 能处置制式、非制式爆炸装置 5. 能使用爆炸物探测设备进行检查	1. 危险品、违禁品英文品名知识 2. 制式、非制式爆炸装置知识 3. 制式、非制式爆炸装置处置要求 4. 爆炸物探测设备工作原理
勤务管理	组织与实施	1. 能按要求进行班前点名、班后讲评工作 2. 能按要求组织交接班工作 3. 能根据当日航班动态实施、调整当班勤务 4. 能编写安检工作情况报告	1. 勤务组织的原则 2. 勤务的实施要求 3. 勤务制度 4. 日常工作方案内容 5. 安检情况报告知识 6. 交接班制度 7. 点名讲评制度
	情况处置	1. 能组织、实施对特殊旅客的检查 2. 能对旅客、货主暂存、自弃和遗留的物品进行管理 3. 能对不配合安全检查的情况进行处置 4. 能对扰乱安检工作秩序的情况进行处置 5. 能对隐匿携带或夹带危险品、违禁品的情况进行处置	1. 特殊旅客检查知识 2. 不配合安全检查情况的处置方法 3. 扰乱安检工作秩序情况的处置方法 4. 隐匿携带或夹带危险品、违禁品情况的处置方法 5. 法律基础知识 6. 物品管理制度 7. 协调与沟通技巧 8. 投诉处理的基本要求

职业功能	工作内容	技能要求	相关知识
勤务管理	情况处置	6. 能对检查工作中发现的变异物品进行处置 7. 能处置勤务现场发生的旅客、货主的投诉 8. 能解答勤务过程中的问题 9. 能针对勤务中的有关问题同相关部门进行协调与沟通	
业务培训	指导操作	能指导初、中级安检员进行实际操作	培训教学的基本方法
	理论培训	能讲授本专业技术理论知识	

（四）主任安全检查员

主任安全检查员的职业功能及工作内容如表 B-4 所示。

表 B-4　主任安全检查员的职能

职业功能	工作内容	技能要求	相关知识
设备管理	设备选型	1. 能根据需要提出设备选型、配备计划 2. 能根据需要提出设备布局需求方案	1. 民用机场安全保卫设施建设标准 2. 民用机场安检定员定额行业标准
	设备检测	能根据国家相关标准对设备性能指标进行测评	相关安全检查设备标准知识
勤务管理	组织与实施	1. 能编写本单位安检工作方案 2. 能组织实施安检工作方案 3. 能按照实际需要提出人员调配和岗位设置的需求 4. 能组织、开展安检调研工作 5. 能组织、开展应急演练工作 6. 能制定各岗位工作标准、考核办法 7. 能根据形势提出实施特别工作方案的具体措施 8. 能组织对安检人员的现场工作测试 9. 能对工作质量进行诊断，提出改进、优化安检操作规程方案	1. 安检调研工作知识 2. 安检工作的法律法规知识 3. 航空安全保卫管理知识 4. 犯罪心理学基础知识 5. 质量分析与控制方法 6. 安检现场测试方法 7. 各岗位工作相关标准
	情况处置	1. 能分析勤务工作中发生问题的原因 2. 能提出解决勤务工作中存在问题的具体措施 3. 能对发生劫、炸机事件等紧急的情况进行处置	1. 在勤务实施过程中影响质量的因素及提高质量措施 2. 发生劫、炸机事件等紧急情况的处置方法
业务培训	指导操作	能指导初、中、高级安检员进行实际操作	培训大纲、教案的编写方法
	理论培训	能编写培训大纲、教案	

四、比重表

（一）理论知识

理论知识各项所占比重如表 B-5 所示。

表 B-5　理论知识

项目		初级安全检查员（%）	中级安全检查员（%）	高级安全检查员（%）	主任安全检查员（%）
基本要求	职业道德	5	5	5	
	基础知识	30	20	15	
相关知识	证件检查	15	10	10	
	人身检查	25	15	10	
	物品检查	25	50	30	
	勤务管理				25
	业务培训				5
合计		100	100	100	100

备注：主任安全检查员的考核采用评审办法。

（二）技能要求

技能要求的各项所占比重如表 B-6 所示。

表 B-6　技能要求

项目		初级安全检查员（%）	中级安全检查员（%）	高级安全检查员（%）	主任安全检查员（%）
技能要求	证件检查		30	10	5
	人身检查		40	10	5
	物品检查		30	80	60
	勤务管理				25
	业务培训				5
合计		100	100	100	100

备注：主任安全检查员的考核采用评审办法。